# 100세 시대 노년학

일러두기

- 외래어 표기는 현행 한글어문규정의 외래어표기법을 따랐습니다. 단, '딥 러닝' 등은 예외로 두었습니다.
- 인명, 작품명, 저서명, 개념어 등은 한글과 함께 괄호 안에 해당 국가의 원어를 병기했습니다.

노년학총서

# 100세 시대 노년학

한정란 지음

대한민국, 서울, 학이시습, 2025

# 100세 시대 노년학

지은이 한정란
펴낸이 박영률

발행일 2025년 4월 14일

학이시습
출판등록 2007년 8월 17일 제313-2007-000166호
02880 서울시 성북구 성북로 5-11 (성북동1가 35-38)
전화 (02) 7474 001, 팩스 (02) 736 5047
learningbooks@commbooks.com
www.commbooks.com

Lifelong Learning Books
5-11, Seongbuk-ro, Seongbuk-gu, Seoul, 02880, KOREA
phone 82 2 7474 001, fax 82 2 736 5047

학이시습은 커뮤니케이션북스(주)의 평생학습 전문 브랜드입니다.


ISBN 979-11-430-0131-3

책값은 뒤표지에 있습니다.

# 왜 노년학인가?

'노년학'은 노년에 관한 학문, 즉 노화의 생물학적 · 심리적 · 인지적 · 사회적 · 문화적 측면을 연구하는 학문이다. 우리말로는 '노년학(老年學)' 또는 '노인학(老人學)'이라고 부르며, 영어로는 'gerontology'라고 한다. 'gerontology'는 그리스어로 '노인'을 의미하는 'geron'과 '어떤 것에 관한 연구'를 의미하는 'logia'의 합성어로, 노인에 관한 연구를 뜻한다. 많은 경우 노년학이 노년을 연구하는 하나의 특정한 한 학문이라는 오해를 하기도 하는데, 사실 노년학은 어떤 학문을 가리키는 것이 아니라 노년에 관해 연구하는 다양한 학문을 통칭하는 학제적인 연구 분야다. '학제적(學際的) 연구' 또는 '학제간(學際間) 연구'란 어떤 대상을 연구할 때 서로 다른 여러 학문 분야의 이론이나 연구 방법을 동원하여 그 연구 대상을 다면적으로 분석하고 연구하는 것을 의미한다. '노인' 또는 '노화'라는 연구 주제는 생물학적 측면, 심리적 측면, 사회적 측면, 문화적 측면 등 다양한 측면에 걸쳐 있을 뿐 아니라 노화 과정에 사회의 물리적 환경, 역사나 문화, 제도나 법, 윤리와 의식 등 다양한 환경이 관련되기 때문에 단일 학문이 아닌 다양한 학문의 참여가 필요하다. 그런 면에서 노년이라는 주제는 여러 학제에 걸친 연구가 필요한 '학제성(學際性)'을 지닌다고 할 수 있다. 따라서 노년학 안에는 노인의학이나 노인병학, 노화생물학, 노년사회학, 노인심리학, 노년교육학, 노인복지학, 노인간호학, 노인주거학 등 다양한 학문들이 포함된다(한정란, 2015).

'제론톨로지'라는 용어를 처음으로 사용한 사람은 러시아 생물학자 메치니코프(Élie Metchnikoff)로, 그의 책『인간의 본성(The Nature of Man)』(1903)에서 처음으로 이 용어를 언급했다. 그러나 당시에는 아직 인류의 수명 자체가 길지 않았고 노년에 대한 본격적인 관심이 집중되기 전이었기 때문에 큰 반향을 일으키지는 못했다. 이후 제론톨로지, 즉 노년학이라는 용어가 본격적으로 사용된 것은 그로부터 약 40년이 지난 1945년 미국노년학회(The Gerontological Society of America, GSA)가 창립되면서부터다.

그렇다면 우리가 하필 지금 이 시점에 노년학에 주목해야 하는 이유는 무엇일까?

## 기대수명의 연장

노년학이 중요한 첫 번째 이유는 사회가 발전하고 의학 기술이 발달했으며 전반적인 생활 수준이 개선됨에 따라 인간의 수명이 연장되었기 때문이다. 기대수명이 길어지면서 과거에는 선택받은 일부 사람들만이 누릴 수 있었던 '장수'가 이제는 모두에게 허락된 인류 보편의 권리이자 삶의 기본 조건이 되었다.

물론 지금처럼 과학으로서 노년학이 구축되기 훨씬 이전부터도 노인과 노화에 관한 관심은 존재했다. 그러나 노화에 관한 과학적 연구 기반이 조성되기 이전, 그리고 인구 고령화가 본격화되기 이전의 노화에 관한 관심은 결핍에서 나온 열망이었다고 할 수 있다. 즉, 다다를 수 없는 노년기에 대한 호기심, 가질 수 없는 장수에 대한 열망에서 비롯되었다고 할 수 있을 것이다. 그 결과 초기 인류 역사에서 노인과 노화에 대한 호기심의 출발은 '장수'와 '회춘(回春)'이었다. 고대 인류의 노화에 관한 관심은 크게 다음 세 가지로 볼 수 있다(한정란, 2015).

첫째, 죽음과 노화를 인류의 조상인 아담과 하와가 조물주의 명령을 어긴 죄의 대가로 보는 관점이다. 창조 당시 인간은 신과 같은 모습으로 만들어졌을 뿐 아니라 영생을 누리는 존재였다는 것이다. 따라서 죄로 인해 신에게서 멀어지기 이전에는 훨씬 더 긴 수명을 누렸을 것이라는 믿음이 구약성서 곳곳에서 발견된다. 구약성서에 노아는 950세, 아브라함은 175세까지 살았다고 기록되어 있다. 이는 종교적인 논쟁을 떠나 진위가 어떠하든 고대인들의 장수에 대한 열망의 표현으로 해석될 수 있다.

둘째, 세상 어디엔가 존재할 장수촌에 관한 믿음이다. 장수에 대한 인류의 염원은 자신들이 미처 알지 못하는 아주 먼 어딘가에 장수를 누리는 마을이 존재할 것이라는 믿음을 갖게 만들었다. 장수를 가능하게 하는 자연환경과 문화 조건을 가진 미지의 세계를 동경했던 기록은 고대 유물 여러 곳에서 발견된다. 장수촌으로 믿었던 지역은 현재 러시아 코카서스 지역이나 파키스탄 카슈미르 지역의 훈자(Hunza) 또는 에콰도르의 빌카밤바(Vilcabamba) 등이다. 실제로도 이 지역들은 자연환경이 좋으며 발효 음식 등 건강에 좋은 식문화가 발달한 장수 지역으로 주목받고 있다.

셋째, 다시 젊음을 되찾는 회춘에 대한 믿음이다. 노화는 불가역적인 과정이 아니라 되돌릴 수 있는 변화로서 어떤 조건만 갖춰진다면 언제든 다시 젊음으로 되돌아갈 수 있다고 믿었다. 불로초를 찾았던 진시황제나 젊음의 샘을 찾아 모험했던 스페인 탐험가 후안 폰세 데 레온(Juan Ponce de Leon),

그리고 우리 전래동화 '젊어지는 샘물'까지, 회춘의 주제는 역사상 범문화적으로 수차례 반복되었다. 이들은 모두 인간의 장수와 회춘에 대한 인류의 오랜 욕망을 반영한다.

그러나 현재 우리는 누구나 노년을 기대할 수 있을 만큼 장수하는 시대에 살고 있다. 과거와 달리 기술의 발전과 생활 수준의 개선으로 누구나 80년 이상의 시간을 보장받고 100세 장수를 바라볼 수 있는 시대에 노인이나 노화라는 주제는 매우 보편적인 관심사가 되었다. 원하든 원하지 않든 노인이 된 자기 모습을 보게 될 것이며, 생물학적으로, 심리적으로, 사회적으로도 노화의 과정을 경험하게 될 것이다. 수명이 연장되고 생애 시간이 노년기까지 연장됨에 따라 노인과 노화에 관한 관심이 증가하고 노년학의 위상이 높아지는 것은 당연한 결과다. 따라서 100세 장수사회에서는 어디에서 어떤 일을 하든 노년과 노화라는 주제에서 자유로울 수 없으며, 당연히 노년학에 관심을 가져야 하고, 노년학의 기초적인 지식을 습득해야 한다.

## 노년기의 확대

다음으로 노년학이 중요한 두 번째 이유는 단순히 수명이 길어지는 데 머물지 않고, 생애 기간 중에서도 노인으로 살아가야 하는 노년기가 연장되었다는 데 있다. 기대수명의 연장은 청년기, 중년기의 연장이 아니라 노년기의 연장을 의미한다. 60세이던 기대수명이 20년 더 연장되어 80세가 되면, 우리 삶에서 늘어나는 것은 20대나 30대 청춘의 기간이 아니라 70대와 80대 혹은 그 이상의 인생 후반부, 즉 노년의 기간이다. 오늘날 대부분의 사람이 노년기까지 삶을 이어갈 수 있게 되었을 뿐 아니라 노인으로서 살아가야 하는 삶의 시간도 크게 늘어났다. 그리고 그에 따라 인생에서 노년기가 차지하는 시간적 비중뿐 아니라 삶에서 노년기가 갖는 중요성도 훨씬 커졌다. 인생의 5분의 1이었던 노년기가 4분의 1, 3분의 1, 그리고 미래에는 인생의 절반까지 차지할 만큼 길어질 것으로 기대하며, 그에 따라 우리 삶에서 노년기가 차지하는 의미와 중요성도 커질 것이다.

아무리 수명이 길어진다고 해도 신체적 성장과 발육이 왕성하게 진행되는 유아동기, 신체적 성장이 완성되고 정신적 · 지적 성숙이 이루어지는 청소년기, 양적인 성장이 완결되는 성인기까지의 시간은 거의 일정하게 유지된다. 기대수명이 100세까지 연장된다 하더라도 현재의 과학 및 의학의 기술 안에서는 청춘의 시간인 성년기(20세~39세)가 20년에서 30년, 40년으로 늘어날 수는 없다. 결국 기대수명이 길어진다는 것은 생애 전반부가 길어지는 것이 아니라, 생애 후반부가 더 길어지는 것을 의미한다. 100세 장수사회에서는 지금까지는 기대하기 힘들었던 80세 혹은 90세, 100세의 삶을 기대할 수 있게 되며, 결국 우리의 생애 시간에서 노인으로 살아가는 시간이 상대적으로 더 길어지는 셈이다.

또한 노년의 기간이 길어졌다는 것은 단순히 노년기의 양적 연장을 넘어서 우리 삶 전체에서 노년기가 차지하는 의미와 가치, 중요성이 더 커졌음을 의미한다. 인생 20%의 시간이 갖는 의미나 중요성보다는 인생의 절반을 차지하는 시간이 차지하는 의미가 당연히 더 크고 중요하다. 노년기가 인생의 5분의 1에 불과했던 과거에 비해 인생 거의 절반을 차지하는 오늘날 우리 삶에서 노년기가 갖는 의미가 훨씬 더 중요해진다. 특히 노년기는 인생의 마지막 단계로서 그동안 살아온 삶을 종합적으로 평가하는 데서 가장 중요한 기준이 되는 시기다. 그런 노년기를 어떻게 보내느냐가 우리 삶 전체의 성패를 결정한다고 해도 과언이 아닐 것이다. 따라서 길어진 노년기를 더 의미 있고 가치 있게 보내기 위하여 필요한 지식, 즉 노년학에 대한 관심이 더 증가하는 것은 당연하다.

## 고령인구의 증가

노년학이 중요한 세 번째 이유는 사회적으로 고령인구가 증가한 데 있다. 즉, 수명이 연장되면서 자연적으로 노인인구가 크게 증가했다. 고령인구 자체가 드물었던 시대에는 고령인구의 욕구나 관심, 그들의 복지에 관심을 둘 필요가 없었다. 고령인구를 위한 제도나 정책도 중요하지 않았으며, 그들의 삶에 굳이 관심을 기울일 필요도 적었다. 기대수명이 짧아서 대부분의 사람이 노년기를 경험하지 못하던 시대에는 노년기나 노화 과정에 대한 관심도 크지 않았다.

인구 고령화의 진전으로 누구나 80년 혹은 90년 이상의 시간이 보장받고 100세 이상의 장수까지도 바라볼 수 있는 지금의 시대에서 노인이나 노화는 인류 보편의 관심사가 되었다. 노인인구가 증가하고 기대수명이 연장되고 노년기가 길어질수록 노인과 노화에 관한 관심이 높아지고 당연히 노년학의 학문적 위상도 높아진다. 인구 고령화에 따라 '노인'이나 '노화', '노년'은 특정 계층이나 특정 조건을 지닌 소수의 관심사가 아니라 인류에게 주어진 보편적인 조건이 되었고, 따라서 그만큼 다가올 노년의 문제에 대해 누구나 관심을 갖는 것은 당연하다.

## 삶의 질에 대한 관심 증대

마지막으로 노년학의 중요성이 커진 이유는 사회 전반적으로 삶의 질에 대한 관심이 증가한 데서 찾을 수 있다. 불과 50여 년 전만 해도 먹고사는 문제가 가장 중요했다. 자식들 배불리 먹이는 게 가장의 가장 큰 역할이었고 당시 부모들은 가족의 생계를 위해 밤낮없이 일했다. 1960년 우리나라 국민 1인당 총소득은 약 80달러로 국민 대부분이 절대빈곤 상태에 놓여 있었다고 해도 과언이 아니었다. 그런 빈곤 상태였기에 먹고사는 문제 외에는 중요한 것이 없었을 것이다. 그러나 2021년 기준 우리나라 1인당 국민총소득은 그때보다 약 473배 증가한 3만 7898달러에 이르렀다. 이제 더 이상 먹고사는 문제로 고민하지 않아도 되는 수준이 되었으며, 삶의 행복을 위한 돈 이외의 조건들, 예를 들면 건강, 가족, 친구, 취미, 여행 등을 추구한다. '소확행(소소하지만 확실한 행복)' 열풍이 일어난 것도 아마 이런 이유에서일 것이다.

장수사회에서 삶의 질에 대한 관심은 웰빙(well-being)을 넘어 자연스럽게 웰에이징(well-ageing)에 대한 관심으로까지 확장되었다. 생활 수준이 향상되면서 자연스럽게 노년까지 이어지는 길어진 삶을 어떻게 하면 좀 더 의미 있고 보람 있게 살아갈 수 있을 것인가에 대한 관심도 커졌다. '노후준비'라는 말이 주목받게 된 데도 이런 이유가 크게 작용한 것으로 보인다. 단지 '등 따습고 배만 부르면' 만족스러운 삶이 아닌, 죽음 직전까지도 무언가 의미 있는 삶을 이어 가고 싶은 열망이 노년학에 대한 관심을 불러일으킨 것이다. 자식들에게 의지해 신체적인 안녕만을 추구하는 삶이 아니라 마지막 순간까지 사회의 한 구성원으로 의미 있는 역할에 참여하고자 하는 욕구, 건강하게 다른 사람의 도움 없이 스스로 독립적으로 생활하고자 하는 욕구, 급속한 사회 변화에도 뒤처지지 않고 적응하고 성장하고자 하는 욕구로 인하여 노년과 노화에 대한 궁금증이 커지고 노년학에 대한 관심이 커진다.

우리 모두의 삶에서 노년기를 기대할 수 있게 되었고, 노년기가 삶에서 차지하는 비중 역시 크게 증가했다. 또 사회적으로 고령인구가 증가하면서 자연스럽게 노화와 노년의 삶에 대한 관심이 높아지는 한편, 고령인구의 욕구 또한 다양해지고 그들과 관련된 다양한 사회 문제들이 대두되면서 노년과 노화에 대한 연구의 필요성이 커졌기 때문이다. 기대수명이 짧아서 대부분의 사람들이 자신의 노년기를 경험하지 못하던 시대에는 노년기나 노화 과정에 대한 관심도 크지 않았다. 그러나 대부분의 사람들이 노년까지 살아가야 하는 시대에는 자연스럽게 자신에게 일어나는 노화라고 하는 변화에 관심을 갖고 어떻게 하면 노년기를 잘 살아갈 수 있는지

궁금해하게 마련이다. 학문적 연구는 대부분 생활 속 호기심과 관심, 필요에서 시작되기 때문에 수명의 연장과 고령인구의 증가로부터 노년학이 활성화되는 것은 당연한 이치일 것이다.

## 노년학의 발전 과정

그렇다면 노년학 연구는 어떻게 시작되었으며 현재 어디까지 발전되었을까?

초기 신화나 전설, 종교 등에 의존했던 노인과 노화에 대한 관심은 19세기에 들어서면서 과학적인 연구로 본격화되기 시작했다. 노년에 관한 과학적 연구는 생물학 분야에서 시작되었는데, 세계 최초의 노년학자라 할 수 있는 사람은 벨기에의 과학자이자 통계학자인 케틀레(Adolphe Quetelet)였다. 그는 1835년 『인간의 본질과 그 능력의 발달(Sur l'homme et le développement de ses facultés, ou Essai de physique sociale)』이라는 책에서 연령 단계에 따라 인간의 능력이 변화한다고 주장함으로써 그동안 주로 신학에서 다루어 왔던 장수의 주제를 자연과학으로 가져오는 데 크게 공헌했다. 또 1884년 골턴(Francis Galton)은 50세에서 80세 사이의 남녀

9337명을 대상으로 시각적 예민성과 반응 시간 등을 측정하여 연령 증가에 따른 개인의 능력 차이를 연구했다. 또 러시아의 생물학자 메치니코프는 1903년 『인간의 본성』을 통해 노화와 장수에 관한 새로운 연구 분야로서 '제론톨로지'를 처음 제안했다. 그리고 1908년 『생명의 연장: 낙관적 연구(The Prolongation of Life: Optimistic Studies)』를 발표하여 노화가 장내 독성 박테리아에 의해 유발되며 젖산이 노화를 예방하고 수명을 연장할 수 있다는 이론을 발표했다.

20세기에 들어 노년에 관한 체계적인 의학 연구가 본격화되기 시작했고, 특히 노화에 따른 세포 및 조직 내의 변화와 그 원인에 관한 연구가 큰 진보를 이루었다. 또한 노년의 심리적 변화에 관한 과학적 연구도 진행되었는데, 1922년 미국의 심리학자이자 교육학자 홀(Granville Stanley Hall)은 그의 저서 『노령기: 인생의 후반부(Senescence, The Last Half of Life)』에서 노화에 대한 인식 개선 및 노인에 대한 사회적 차별에의 각성을 주장했다. 또 그는 건강하게 사는 '활동적 기대수명'과 단순히 수명을 연장하는 '의존적 기대수명'을 구분해야 한다고 주장했으며, 사회의 부양 부담을 가중하는 수명 연장과 퇴직 연령의 변화, 노년의 연장 등의 주제에 주목함으로써 노년에 관한 생물학 및 의학적 접근에서 벗어나 사회과학적 접근으로의 확장을 가져왔다. 1930년대 마일스(Walter

Miles)는 노년기 발달에 관한 대규모 조사연구인 '스탠퍼드 후기 성숙에 관한 연구 사업(Stanford Later Maturity Research Project)'을 주도했다. 1939년 캐나다의 세포학자이자 노년학자 카우드리(Edmund Cowdry)가 저술한 『노령의 문제(Problems of Aging; Biological and Medical Aspects)』는 노령의 문제를 단순히 생물학적 문제를 넘어 사회적 문제로 인식하게 만든 중요한 자극제가 되었다.

1945년은 노인에 관한 연구가 노인의학(Geriatrics)을 넘어 다양한 학문 간의 학제적 연구로서 노년학(Gerontology)으로 확대되는 중요한 시기였다. 1941년 미국 사회과학연구회에서는 노년 생활의 사회적 적응 문제를 연구하기 위한 학제적인 분과위원회를 구성했고, 수차례에 걸친 연구 보고서를 통하여 노년학 연구의 기초를 세우는 데 공헌했다. 그리고 비로소 1945년 미국노년학회가 창립되었고, 1946년 미국노년학회 공식 학회지 ≪노년학저널(Journal of Gerontology)≫가 창간되었다. 그 후 노년학 분야의 국제적 협력도 가속화되었는데, 1950년에는 벨기에의 리에주에서 국제노년학회(International Association of Gerontology, IAG)가 조직되었다. 국제노년학회는 1951년 첫 대회를 가진 뒤 3년마다 개최되다가, 1981년 7월 독일 함부르크에서 열린 제12회 대회부터 개최 주기를 4년으로 연장했다. 그리고 2004년 노인의학 분야와 연계해 명칭을 국제노년학회에서 국제노년학 · 노인의학회(International Association of Gerontology and Geriatrics, IAGG)로 변경했다.

우리나라의 노년학 연구 역시 사회과학보다는 노인의학 분야에서부터 시작되었다. 1968년 대한노인병학회가 창립되었고, 그로부터 10년 후인 1978년에 비로소 사회과학 분야가 중심이 된 노년학 학술 단체 한국노년학회가 창립되었다. 한국노년학회는 1980년 학회지 ≪한국노년학≫을 창간했고, 1981년 국제노년학회에 정식으로 회원 가입을 했다. 이어서 1989년에는 한국노화학회, 1994년에는 대한노인정신의학회가 창립되었으며, 이들 네 개 학회는 1997년 노년 관련 학회 간 협력과 학제적 연구를 위하여 사단법인을 설립했다. (사)한국노인과학학술단체연합회는 1999년 제6회 국제노년학회(IAG) 아시아 · 오세아니아 지역대회와 2013년 제20차 국제노년학 · 노인의학회(IAGG) 세계대회를 각각 서울에 유치하는 쾌거를 거두었다. 인구 고령화가 진전되고 노년에 대한 학술적 관심이 증가하면서 노년 관련 학회들도 속속 늘어났다. 2018년에는 한국노인간호학회(1998년 창립)와 한국장기요양학회(2013년 창립)가 추가로 연합회에 가입하여 연합회 소속 학회는 6개로 늘었다(한국노년학회, 2018). 이 밖에도 1998년 6월 한국노인복지학회, 2014년 12월 한국

노년교육학회가 각각 창립했다.

이 중 우리나라 노년학 연구를 대표할 수 있는 가장 큰 학회는 한국노년학회라고 할 수 있다. 지난 2018년 한국노년학회에서 창립 40주년을 기념하여 노년학 연구의 성과를 되돌아보는『한국노년학 40년사』를 발간한 바 있다. 그 책에서 학술지 ≪한국노년학≫에 2008년부터 2017년까지 발표된 총 655편의 논문을 가족, 교육, 보건의료건강, 사회복지, 사회학, 심리 등 6개 영역으로 나누어 분석했다. 그 결과 첫째, 가족 영역은 과거 30년에 비하여 최근 10년 동안 이론을 적용한 논문이 증가하는 경향을 보였고, 노년기 거주 유형과 노인 가구에 대한 탐색, 세대 관계(성인 자녀와 노부모 관계, 조부모와 손자녀 관계 등), 노년기 부부관계 등의 주제가 주로 연구되었다. 둘째로 교육 영역은 최근 10년 동안 빠르게 성장한 분야로, 노인을 위한 교육과 더불어 노인과 노화에 대한 이해를 다루는 노인에 관한 교육 연구가 많은 반면, 세대가 함께하는 세대 공동체 교육과 노인들의 능력과 자원을 활용하는 데 관계된 노인에 의한 교육 연구는 미흡한 것으로 나타났다. 셋째, 보건 · 의료 · 건강 영역은 전체 게재 논문의 약 3분의 1을 차지하여 노년학에서 보건의료건강 관련 주제에 대한 지속적인 관심을 확인할 수 있었다. 주로 연구된 주제는 신체적 건강, 정신적 건강이었고, 상대적으로 사회적 건강, 건강 지식, 건강 행위 등의 주제는 부족했다. 넷째, 복지 영역의 연구는 전체의 41.7%로 가장 많았으며, 연구 주제로는 노인 문제가 절반 이상을 차지했고 그 외에 노인복지 제도 및 정책, 노인 이용 시설 및 생활 시설, 노인 사회참여 활동, 노인복지 서비스 등의 주제를 다루었다. 다섯째, 사회학 영역에서는 주로 사회 실태의 주제를 다루었으며, 삶의 질, 경제생활 등의 주제와 시대적 변화를 반영한 IT 및 테크놀로지 활용의 주제도 증가하는 경향을 보였다. 마지막으로 심리학 영역에서는 우울이 일상에 미치는 영향과 우울 치료와 예방에 관한 논문이 가장 많았고, 노인 및 노화에 대한 인식, 성공적 노화 등의 주제가 주로 연구되었다(한국노년학회, 2018).

이러한 영역별 분석을 통하여 『한국노년학 40년사』에서는 향후 한국 노년학의 과제로 다음 몇 가지를 제안했다. 첫째, 경험적 분석 결과에 기초하고 한국적 특수성을 반영한 이론 작업이 요구된다는 것이다. 개별적인 분석에 그치지 않고 연구 결과에 기반한 이론화 또는 모델 개발 작업을 통하여 노년학의 학문적 토대를 보다 공고히 할 필요가 있다는 것이다. 둘째, 지금까지의 양적 접근 중심 노년학 연구에서 벗어나 질적 접근을 강화하고 메타 분석과 같은 종합적 연구 등 연구 방법의 다양화를 추구해야 한다는 것이다. 또한 접근의 용이성 때문에 특정 노인에 대한 연구가 집중되는 경향에서

탈피하여 다양한 계층의 노인이나 다양한 연령층으로 연구 대상을 확대하여 균형 잡힌 연구를 꾀해야 한다는 것이다. 셋째, 다학제적 접근을 특징으로 하는 노년학의 발전을 위해서는 개별 연구 분야의 균형 잡힌 발전과 분야 간의 협력과 소통을 확대해야 한다는 것이다(한국노년학회, 2018).

## 참고문헌

한국노년학회 편(2018). 『한국노년학회 40년사: 한국노년학회의 과거, 현재, 미래』. 한국노년학회.

한정란(2015). 『노인교육론』. 학지사.

# 차례

# 01

## 인구 고령화

인구 고령화는 단순히 노인인구가 증가하는 현상 이상으로 복잡하고 다양한 의미를 지닌다. 인구 고령화는 특별히 우리가 무엇을 잘못해서 일어난 문제가 아니라 사회의 발전 과정에서 나타나는 자연스러운 현상이며, 먼 미래의 일이 아니라 이미 우리 사회에서 일어나고 있는 현재 진행형의 변화다. 또한 현재의 노인만의 문제가 아니라 언젠가는 노인이 될 우리 모두의 문제이며, 인구 고령화가 위기인가 기회인가는 정해져 있는 것이 아니라 앞으로 우리의 대응에 달려 있다.

아마 이 책을 읽는 독자 중 '고령화'라는 말을 들어 보지 못한 사람은 한 명도 없을 것이다. 그만큼 '고령화'는 21세기 사회를 규정짓는 중요한 표상처럼 인터넷, 텔레비전, 라디오, 신문, 서적 등을 통틀어 모든 매체에 가장 자주 등장하는 용어가 되었다. 그러나 아이러니하게도 정작 '고령화'의 구체적인 의미를 정확하게 이해하고 있는 사람은 거의 없다. 이것이 바로 저자와 동료들이 '노년학총서' 시리즈를 기획하게 된 동기다.

## 인구 고령화에 관한 오해

나름대로 어느 정도 교육을 받았고 사회의 변화에 꾸준히 관심이 있다고 자부하는 사람이라면, '고령화'에 대해 충분히 이해하고 있다고 생각할 것이다. 또한 사회 현상에 좀 더 깊은 관심을 가진 사람이라면 '고령화'라는 표현을 넘어 '인구 고령화'라고 하는 더 정확한 용어를 사용하는 것은 물론이고 그 용어의 의미 또한 충분히 이해하고 있다고 확신할지도 모른다. 그러나 과연 여러분이 안다고 믿는 그 '인구 고령화'의 의미는 정확한 것일까?

일반적으로 인구 고령화는 '고령인구가 증가하여 사회에

서 고령인구가 차지하는 비중이 증가하는 현상' 정도로 알려져 있다. 그러나 인구 고령화는 그렇게 단순하고 일차원적인 현상이 아니다. 인구 고령화는 '고령인구의 증가 및 고령인구 비율의 증가'보다 훨씬 더 입체적이고 다면적이며 복잡한 인구 현상이자 사회 현상이다. 이런 복합적 사회 현상인 인구 고령화를 설명하기에 앞서 우리 사회에 널리 퍼져 있는 인구 고령화에 대한 오해들을 되짚어 볼 필요가 있다.

첫 번째 오해는 '인구 고령화는 심각한 사회 문제'라는 오해다. 인구 고령화에 대하여 가장 많은 사람이 갖고 있는 오해는 인구 고령화가 사회에 부정적인 영향을 미치는 사회 문제 중 하나라는 생각이다. 인구 고령화가 심화할수록 고령층을 부양하기 위한 사회의 부담이 증가하고 상대적으로 젊은 생산인구는 감소한다. 또 동시에 생산가능인력 지체가 고령화됨에 따라 사회의 생산성이 떨어지므로 인구 고령화는 사회에 부담을 넘어 쇠퇴와 불안을 가중하는 요인이 될 수 있다. 따라서 어떻게든 인구 고령화를 막아야 한다고 생각하는 사람들도 있다. 실제로 주위 지인 중에도 "요즘 노인들이 너무 많아서 문제예요"라거나 "너무 오래 살아서 문제예요"라고 말하는 이들이 있다.

결론부터 말하자면, 인구 고령화 자체는 사회의 병리적인 현상이나 문제가 아니라, 사회의 발전 과정에서 필연적으로

마주하게 되는 자연스러운 현상이다. 인간이 태어나서 시간이 지남에 따라 유아에서 아동으로, 아동에서 청년으로, 그리고 중년을 거쳐 언젠가는 노인이 되는 것처럼, 우리가 살아가는 사회 역시 점차 성장하고 발전을 거듭하다가 일정 기간이 지난 후에는 안정을 유지하게 된다. 경제적으로 성장하고 정치 사회적으로 안정되며 복지가 확대되고 보건의료 환경이 개선되면서 전반적인 국민 삶의 질이 향상되고, 그 결과는 수명의 연장으로 이어진다. 중간에 예기치 못한 위기, 즉 대규모 전쟁이나 자연재해 같은 돌발적인 위험이 발생하지 않는 한 사회가 발전할수록 국민의 수명은 길어지고 고령인구가 많아짐으로써 인구 고령화가 가속화되는 것은 지극히 당연하고 자연스러운 현상이다.

과거 보건의료 기술의 수준이 낮고 경제적으로나 정치 사회적으로나 불안정했던 시대에 '장수'는 인류의 가장 큰 꿈이자 염원이었다. 고대 사회에서는 임신과 출산 과정에서 절반 가까이가 사망했고, 운이 좋게 건강하게 태어난다고 하더라도 또다시 그중 절반 정도가 성인이 되기 이전에 질병과 전쟁 등으로 사망했기 때문에 노년기까지 살아남는 '장수'는 말 그대로 신이 내려 준 특별한 축복이 아닐 수 없었다. 과학적으로 뒷받침된 통계는 아니지만 로마 시대 사람들의 평균 기대수명이 25세 정도였다고 하니, 그 시대에 노인이 된다는 것

**그림 1-1** 소득과 인구 고령화의 관계

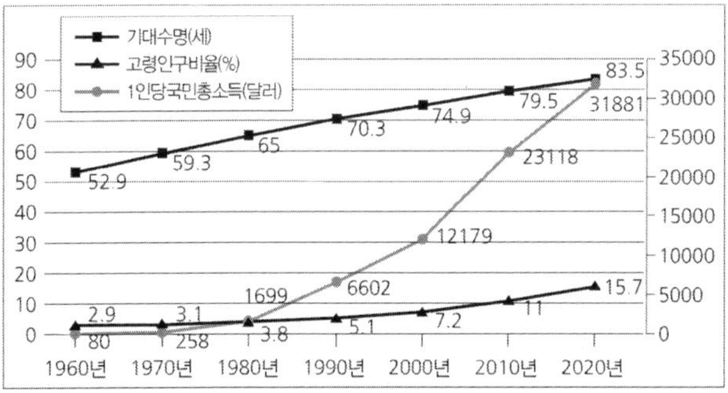


출처: UN(2019). 『World Population Prospects 2019』, 통계청(2020a). 『2020 생명표』로부터 재구성.

은 특별한 사람들에게만 주어지는 행운이었을 것이다.

그렇게 오랜 인류의 꿈이었던 장수가 비로소 현실이 된 것이 바로 지금의 고령사회다. 인구 고령화는 사회의 병리 현상도 문제도 아닌 인류가 열망해 온 꿈의 실현인 것이다. 또한 인구 고령화를 문제로 낙인하고 고령화를 막아야 할 대상으로 규정하는 것은 곧 사회의 발전을 거꾸로 되돌려 질병과 위험, 불안 속에 방치되었던 과거로 역행하자는 것이나 다름없는 어리석은 발상이다. 따라서 그 사회 혹은 국가가 고령화되어 간다는 것은 그만큼 그 사회가 안정되어 가고 있으며 잘살게 되었다는 방증이며, 인구 고령화는 막아서도 안되고 또 막을 수도 없는 자연스러운 사회의 발전 과정이다.

지난 반세기 우리나라 상황만 보더라도 다음의 그림처럼 국민총소득이 높아질수록 기대수명이 길어지고 고령인구 비율도 증가했다는 사실을 확인할 수 있다. 1960년 약 80달러였던 우리나라 국민 1인당 국민 총소득은 2020년 3만 1881달러로 23.5배나 증가했고 평균 기대수명[1)]은 1960년 52.9세에서 2020년에는 83.5세로 1.6배 가까이 연장되었다. 또 전체 인구 중 65세 이상 고령인구 비율도 1960년 2.9%에서 2020년 15.7%로 5.4배 증가했다(UN, 2019; 통계청, 2020a). 우리나라의 인구 고령화가 점차 심화되고 있는 것은 그만큼 우리나라가 잘살게 되었다는 방증인 셈이다. 따라서 빈곤에 허덕이던 1960년대로 되돌아가고 싶지 않다면, 인구 고령화를 사회 문제가 아닌 자연스러운 변화이자 축복으로 받아들여야 할 것이다.

두 번째 오해는 '인구 고령화는 미래의 일'이라는 오해다. 많은 사람이 인구 고령화를 아직 오지 않은, 앞으로 다가올 미래의 일로 생각하는 듯하다. 실제로 "앞으로 우리나라가

---

1) 일반적으로 '평균수명'이라고 부르기도 하지만, 정확한 용어는 '기대수명'이다. 기대수명이란, 특정 연도의 0세 출생자가 앞으로 생존할 것으로 기대되는 평균 생존 기간으로, 더 정확히는 '0세의 기대여명'을 의미한다.

고령화된다니 걱정이다" 혹은 "고령화가 되면 어떻게 대처해야 할지 걱정이다"라고 말하는 이들이 많다. 그런데, 인구 고령화는 이미 바로 지금 우리 사회에서 벌어지고 있는 현실이자 현재 진행의 변화다. 통계청의 고령화 사회 분류 기준에 따르면, 우리나라는 이미 2000년에 고령화가 진행 중인 단계인 '고령화 사회(aging society)'를 지나, 2017년에 고령화가 상당히 진행된 '고령사회(aged society)' 단계에 이르렀으며, 2024년 12월 23일 지나치게 고령화된 사회를 의미하는 '초고령사회(superaged society)' 단계에 도달했다(행정안전부, 2024). 이는 당초 예상이었던 2025년(통계청, 2019b)보다 최소 한 달 이상 앞당긴 기록이다. 즉, 인구 고령화는 다가올 미래의 변화가 아니라 이미 우리 곁에 와 있는 현재 진행형 변화인 것이다.

여기서 잠깐, 고령화 수준을 기준으로 하는 사회 구분에 관하여 추가적인 설명이 필요하다. 앞서 "통계청의 고령화 사회 분류 기준에 따르면"이라는 표현을 사용했다. 그런데 인구 고령화와 관련된 책이나 논문, 기사를 한두 편 정도라도 읽어 본 독자라면, 여기서 의문을 제기할 만하다. 우리나라에서 출판된 여러 저작물에서는 저자가 사용한 "통계청의 고령화 사회 분류 기준에 따르면"이라는 표현 대신 "UN의 기준에 따르면"이라는 표현을 사용하고 있기 때문이다. 그러나 여러 논문이나 문헌에서 지적하는 "UN의 기준"은 실재하지 않는다. 언제부터인지 정확히는 알 수 없지만, 지금까지 국내의 인구학 및 노년학 관련 학자들 대부분이 7%, 14%, 20%의 기준을 UN의 기준으로 무분별하게 인용해 왔다. 그러나 "UN의 기준"이라는 것의 정확한 출처를 밝힌 문서는 어디에서도 찾아볼 수 없다. 국내에서 연구윤리에 관한 문제의식이 부각될 때쯤, 문득 저자가 참고한 문헌들에서 한결같이 강조했던 "UN의 기준"의 정확한 출처가 무엇인지 궁금해졌다. UN 홈페이지에 접속해 관련 문서들을 모두 뒤져 보았지만, 출처를 찾을 수 없었다. 더 이상한 것은 UN은 물론이고 영어권에서 작성된 어떤 논문이나 문헌에서도 그 기준을 찾아볼 수 없었다는 점이다. 글로벌 포털 사이트 검색을 해 보아도 7% 고령화 사회, 14% 고령사회, 20% 초고령사회의 등식은 일본과 우리나라 논문 및 문헌에만 있는 표현이었다.

최성재 교수가 한 신문에 실은 기고문(최성재, 2018)에도 동일한 주장이 담겼다. 그 주장의 요지는 위의 분류, 즉 65세 이상 인구 비율에 따른 사회 분류가 인구 고령화 속도가 얼마나 빠른지를 확인하고 비교하는 분류 지표로서는 충분한 의미를 갖지만, UN에서 공식적으로 그 분류를 사용한 적이 없을 뿐 아니라 인구 비율의 논리적 및 경험적 근거도 없다는 것이다. 고령인구 비율에 따른 사회 분류는 UN은 물론이고 국제기구의 자료 및 공식 발간물에서 전혀 사용하지 않으며, 세계 학계에서도 사용하지 않는다. 결과적으로 그동안 20년 넘도록 우리나라나 일본에서 해당 분류를 UN의 기준으로 사용해 온 것은 인용의 오류라 할 수 있다. 다만, 아직 우리나라 통계청에서는 이 분류를 인구 고령화 관련 통계들에 그대로 적용하고 있기 때문에 이 책에서는 "우리나라 통계청의 고령화 사회 분류 기준"으로 한정하여 사용하고자 한다.

인구 고령화는 이미 오래전부터 예측되었던 인구 현상이다. 이미 프랑스는 1864년에 고령화 사회에 도달했고 이탈리아는 1927년, 영국은 1929년에 각각 고령화 사회가 되었다(日本 國立社會保障・人口問題研究所, 2024). 이미 유럽의 여러 선진국이 우리보다 한 세기나 더 앞서 인구 고령화의 미래를 보여 준 셈이다. 그럼에도 우리나라는 이런 경고장을 무시한 채, 당장의 경제 문제와 인구 현상에만 함몰되어 미래의 변화에 제대로 대응하지 못했던 것이다. 거시적이고 장기적인 인구 예측은 뒤로한 채 인구 과잉의 위기감을 조장한 학계의 무책임과 경제 성장이라는 근시안적인 국가 과제에만 함몰되어 인구 억제 정책에 매달려 온 정부의 무능함으로 인해 21세기 우리나라는 전 세계에서 가장 강력하고 급속한 인구 고령화의 충격에 직면하게 된 것이다. 인구 고령화의 경고장을 무시하고 너무 오랫동안 산아 제한 정책을 지속하고 출산과 모성 보호를 등한시했던 대가를 지금에 이르러 톡톡히 치르고 있는 셈이다.

세 번째 오해는 '인구 고령화가 노인들만의 문제'라는 오해다. 인구 고령화로 인해 야기되는 다양한 문제들을 가리켜 '노인 문제'라고 부르곤 한다. 그런데, '노인 문제'라고 하면 '노인들로 인한 문제' 혹은 '노인들이 겪는 문제'로 오해되기 쉽다. 인구 고령화로 인하여 야기되는 문제는 노인들만 겪는 문제도, 노인들이 일으키는 문제도 아니다. 인구 고령화가 가져오는 문제들은 현재의 노인만이 아니라 언젠가는 노인이 될 우리 모두와 관련된 문제이며, 노인들 때문에 일어나는 문제가 아닌 우리 모두의 잘못으로 야기되는 문제다. 앞서 말했듯이 인구 고령화는 사회의 발전 과정에서 나타나는 자연스러운 현상으로, 그 변화를 충분히 예측하고 대응할 수 있었다. 인구 변화의 방향이나 속도 혹은 그로 인한 부작용을 잘못 예측하고 부적절하게 대응할 경우 우리는 예기치 못한 여러 문제에 부딪히게 되는데, 그런 준비 부족과 잘못된 대응의 결과로 만들어진 것이 바로 '노인 문제'라고 부르는 '고령화 문제'다. 노인들 때문에 빚어진 문제가 아니라 고령화에 대한 잘못된 대응 때문에 빚어진 문제이기 때문에 '노인 문제'가 아니라 '고령화 문제'로 불러야 한다.

고령화 문제는 현재의 노인들만 관련된 문제가 아니다.

지금 이 순간도 계속 증가하고 있는 고령인구의 주인공은 다름아닌 바로 우리 자신이기 때문이다. 2050년 우리나라 고령인구 비율은 40.1%에 이를 것으로 예측되는데(통계청, 2013), 지금 이 책을 읽고 있는 독자 중 2050년의 그 거대 고령인구 속에 포함되지 않을 사람은 아무도 없을 것이다. 결국, 인구 고령화는 특정인의 문제가 아니라 바로 언젠가는 노인이 될 우리 모두의 문제이며, 인구 고령화를 위기로 만들 것인가, 새로운 기회로 만들 것인가도 우리 손에 달려 있다.

## 베이비붐과 시니어붐

우리나라의 급속한 인구 고령화의 중요한 출발점은 바로 '베이비붐'이라는 인구 현상이다. '베이비붐(baby-boom)'이란 아기를 가지고 싶어 하는 특정 시기의 공통된 사회적 경향으로 인하여 출생률 또는 출생아 수가 폭발적으로 증가하는 현상을 일컫는 말이다. 일반적으로 전쟁이나 장기적인 경기불황 등 커다란 사회적·경제적 혼란과 위기가 발생하고 그 혼란이 수습된 후에 사회가 안정을 되찾아 가는 과정에서 베이비붐이 일어난다. 혼란과 위기에서 무사히 벗어났다는 안도감과 다시금 사회를 정상으로 되돌려야 한다는 사회 재건의 의지, 그리고 흩어졌던 가족의 재상봉과 그동안 미뤄 두었던 결혼과 출산이 다시 시작됨에 따라 출생률이 빠르게 회복되는 것이다. 전 세계적으로 베이비붐이 일어났던 가장 최근의 예는 제2차 세계대전 직후라 할 수 있는데, 실제로 종전 후 제2차 세계대전의 주요 참전국들에서 공통적으로 베이비붐이 나타났다. 그리고 우리 사회의 경제, 정치, 사회, 문화 등 광범위하게 중요한 변화를 이끌어 온 베이비붐 세대는 이제 노년기의 문턱에 서 있다.

여기서 잠깐, 베이비붐을 이해하기 위해서는 먼저 '출생'과 '출산', 그리고 '출생률'과 '출산율' 등 인구통계에 관한 개념들을 이해할 필요가 있다. '출생(出生)'이란 "태아가 모체를 떠나 태어나는 일"로, 통계청에서는 "임신주수와 관계없이 태아가 모체로부터 완전히 배출/만출한 것으로, 탯줄의 절단, 태반의 분리와 관계없이 모체로부터 분리 후 생명의 증거(호흡, 심장/제대의 박동, 수의근의 명백한 움직임 등)가 있는 경우"로 정의한다. 한편 출생은 개인적으로는 민법상 권리능력을 취득하는 사건인 동시에 사회적으로는 새로운 사회 구성원을 공급하는 사건이기도 하다. '출생'과 유사한 개념으로 '출산(出産)'이라는 개념이 있는데, '출산'은 아이를 낳는 행위에 초점을 둔 개념으로 산모의 '낳음'을 강조한다. 즉, 새 생명의 탄생이라는 동일한 사건에 대해 태어나는 '아이의 관점'에서 바라보느냐(출생) 아니면 아이를 낳는 '산모의 관점'에서 바라보느냐(출산)에 따라 다른 개념이 사용된다.

다음으로 중요한 인구통계 용어 중 하나는 '출생률'이라는 개념이다. 인구통계에서 출생률 개념을 사용할 때는 주로 '조출생률'이라는 개념으로 사용되는데, 조출생률이란 특정 인구 집단의 출생 수준을 나타내는 기본적인 지표로서 인구 1000명당 출생아 수를 의미한다. 조출생률은 1년 동안의 총 출생아 수를 당해 연도의 연앙인구로 나눈 수치를 1000분비로 나타낸 값으로 계산된다. 이때 총인구는 '연앙인구'로 계산하는데, 출생과 사망이 수시로 발생하면서 인구수는 시시각각 변동하기 때문에 그 기준을 어떻게 잡는가가 중요하다. 따라서 연중 인구의 변동을 고려하여 특정한 해의 인구수를 계산할 때는 한 해의 중간일인 7월 1일의 인구를 기준으로 산정하게 되는데, 이를 '연앙인구'라고 한다.

$$\text{조출생률} = \frac{\text{당해년도의 총 출생아 수}}{\text{당해년도의 연앙인구 수}} \times 1000$$

다음으로 주목할 개념은 '출산율'이다. 앞서 언급했듯이 '출생'과 '출산'은 관점에 차이가 있을 뿐 아니라 실제 계산하는 방식에도 차이가 있다. '출산율'에서도 '조출산율'의 개념을 주로 사용하게 되는데, '조출산율'은 가임기(15~49세) 여성 인구 1000명당 출생아 수를 의미한다. 조출산율은 총 출생아 수를 당해 연도의 가임기 여성 인구로 나눈 수치를 1000분비로 계산한다. 이때도 역시 당해 연도의 가임기 여성 인구의 수를 산정할 때 연앙인구 수로 산정한다.

$$\text{조출산율} = \frac{\text{당해년도의 총 출생아 수}}{\text{당해년도의 가임기 여성 연앙인구 수}} \times 1000$$

그러나 출산율을 말할 때 '조출산율'보다 실제로 더 자주 사용하는 개념은 '합계출산율'로 '가임기 여성 1명이 평생 낳는 출생아 수'를 의미하며, 사회의 출산력을 비교하는 중요한 지표로 사용된다. '연령별 조출산율'은 가임기 여성의 연령별 출생아 수를 당해 연도의 가임기 여성의 연령별 인구수로 나눈 수치를 1000분비로 계산한다. 그리고 사회의 전체 '합계출산율'은 15세부터 49세까지의 가임기 연령별 조출산율을 모두 합하여 산출된다.

$$\text{연령별 조출산율} = \frac{\text{당해년도 가임기 여성의 연령별 출생아 수}}{\text{당해년도 가임기 여성의 연령별 연앙인구 수}} \times 1000$$

그럼 다시 '베이비붐'에 관한 이야기로 돌아가 보자. 앞서 언급했듯이 베이비붐이 사회적으로 일정 기간에 걸쳐 출생률 또는 출생아 수가 크게 증가하는 현상을 의미한다는 개념 정의에 대해서는 이견이 거의 없다. 그러나 어떤 인구층을 베이비붐 세대(베이비부머)로 정의할 것인가에 대해서는 국가마다 학자마다 이견이 있다. 미국의 경우에는 2차 세계대전 종전 직후인 1946년부터 1964년까지 19년에 걸쳐 출생한 인구를 베이비붐 세대로 규정한다. 반면, 일본은 더 좁은 시각에서 출생률이 폭발적으로 증가한 1947년부터 1949년까지 단 3년 동안 출생한 인구만을 가리켜 '덩어리'를 의미하는 일본어 표현 '단카이(團塊)'를 사용하여 '단카이 세대'라고 부른다.

한편, 우리나라의 경우에는 아직 베이비붐 세대의 기준에 대한 사회적 합의조차 부족한 상황이다. 통계청(2021b)에서는 1955년생부터 1963년생까지를 베이비붐 세대로 정의하고, 1차 베이비붐 세대에 비해 거의 언급은 안 되고 있지만 1968년생부터 1974년생까지를 2차 베이비붐 세대로 본다. 또 여러 학자가 이러한 통계청의 정의를 그대로 수용하고 있다. 반면에 김태헌(2010), 한정란(2011) 등은 출산율의 변화를 들어 1955년생부터 1974년생까지 20년에 걸친 출생 집단 전체를 베이비붐 세대로 보아야 하며, 1955년부터 1964년까지의 1차 베이비붐과 1965년부터 1974년까지의 2차 베이비붐으로 분류할 것을 주장한다. 이러한 차이가 나타나는 가장 중요한 원인은 총 출생아 수만을 기준으로 삼느냐 아니면 합계출산율과 기타 인구 변동 요인들을 복합적으로 고려하느냐 하는 기준의 차이에 기인한다.

1969년까지의 세계은행 통계, 1970년부터 현재까지의 우리나라 통계청 자료에 따르면, 한국전쟁 이후 사회가 안정을 되찾아 가던 1955년 처음으로 총 출생아 수가 90만 명대로 급증하면서 베이비붐이 시작된 것으로 보인다. 그러나 1955년 합계출산율은 6.33명으로 해방 이후 최고치를 기록했음에도 불구하고 1955년 가임기 여성들은 주로 일제 강점기 때 출생한 인구층으로서 상대적으로 그 수가 적어 이후 1960년대에 출생한 인구에 비해 총 출생아 수는 다소 적은 90만 8134명을 기록했다. 그 후 출생아 수는 꾸준히 증가했고 1960년은 지속적인 가임기 여성 인구의 증가로 인하여 출생아 수가 108만 535명으로 최다를 기록했으며, 이 시기 합계출산율은 6.16명을 이었다. 1960년은 우리나라 전체 인구수가 현재 인구의 약 절반 수준인 2500만을 돌파한 해이기도 하다. 1971년에는 해방 이후 태어난 여성들이 가임기에 들어섬에 따라 가임기 여성인구가 급증하여 합계출산율은 4.54명까지 낮아졌음에도 불구하고 출생아 수는 100만 명대를 유지했다. 그리고 1971년을 마지막으로 출생아 수는 100만 명대 아래로 내려갔고, 결국 1974년에는 마지막으로 출생

**그림 1-2** 출생아 수와 합계출산율 추이(1944년~2020년)

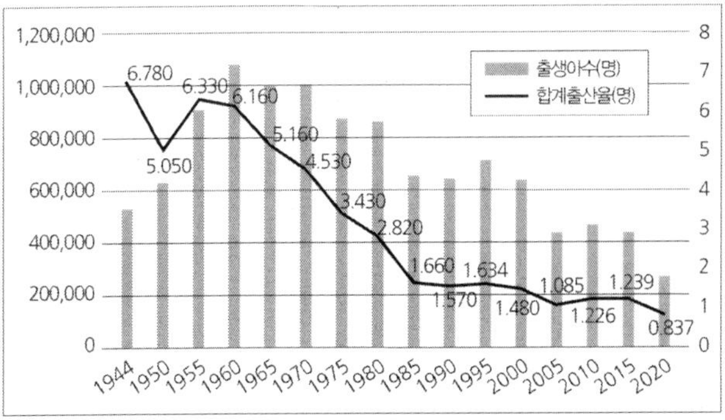


출처: 1970년 이전은 각 년도 세계은행 자료, 1970년부터는 각 년도 생명표에서 재구성.

아 수가 90만 명대를 기록했고 합계출산율은 처음으로 3명대로 떨어져 베이비붐이 끝났음을 알렸다.

그림 1-2는 이러한 출생아 수 및 합계출산율의 추이를 잘 보여 준다. 결국 베이비붐 세대에 관한 통계청 등의 정의에서 1964~1967년생을 제외한 것은 문제의 가능성이 있다. 1964년부터 1967년 사이에 총 출생아 수가 줄어든 것은 사실이지만, 감소의 원인이 실제로 출산의 증가세가 꺾여서라기보다는 출산 연령에 있는 세대, 즉 이들의 부모 세대가 1945년 해방을 전후한 사회적 혼란기에 출생한 가장 적은 인구층

(1943~1946년생)이기 때문이다(김태헌, 2011). 따라서 1955년부터 1974년까지 20년 동안 출생한 세대 전체를 베이비붐 세대로 규정하는 것이 더 합리적일 것이다(한정란, 2011). 다행히 최근 들어 통계청 등에서도 이러한 주장을 서서히 수용하는 분위기다.

1955년부터 20년에 걸쳐 출생한 베이비붐 세대는 나이 들어 이제 중노년층에 도달해 있다. 표 1-1에서 보는 바와 같이, 출생 당시 출생아 수를 살펴보면 1955년 최소인 90만 8134명부터 1960년 최다인 188만 535명에 이르기까지 총 베이비붐 세대 출생아 수는 2081만 8608명에 이른다. 이 중 1차 베이비붐 세대 출생아는 1082만 6210명, 그리고 2차 베이비붐 세대 출생아는 999만 2398명에 이른다. 2021년 말 기준으로 베이비붐 세대는 만 47세(1974년생)부터 만 66세(1955년생)에 걸쳐 있으며, 나이가 들어가면서 사망 등으로 인구수가 다소 감소하긴 했으나 1차 베이비붐 세대는 797만 2631명, 2차 베이비붐 세대는 879만 9689명으로 총 1677만 2320명에 이른다. 이들 베이비붐 세대 인구 집단의 규모는 2021년을 기준으로 우리나라 전체 인구(5163만 8809명)의 약 32.5%, 즉 3분의 1을 차지한다.

베이비붐 세대들이 태어난 시기는 무(無)에서 유(有)를 창조해 내야만 했던 시기였으며, 1962년부터 시작된 '경제개

**표 1-1 출생년도별 베이비붐 세대 인구수**

| 구분 | 출생년도 | 출생아 수 | 2021.12.31 |
|---|---|---|---|
| 1차 베이비붐 세대 | 1955년생 | 908,134 | 696,597 |
| | 1956년생 | 945,990 | 674,790 |
| | 1957년생 | 963,952 | 749,686 |
| | 1958년생 | 993,628 | 758,109 |
| | 1959년생 | 1,016,173 | 831,351 |
| | 1960년생 | 1,880,535 | 902,367 |
| | 1961년생 | 1,046,086 | 895,236 |
| | 1962년생 | 1,036,659 | 864,686 |
| | 1963년생 | 1,033,220 | 779,401 |
| | 1964년생 | 1,001,833 | 820,408 |
| | 계 | 10,826,210 | 7,972,631 |
| 2차 베이비붐 세대 | 1965년생 | 996,052 | 838,994 |
| | 1966년생 | 1,030,245 | 804,900 |
| | 1967년생 | 1,005,295 | 851,276 |
| | 1968년생 | 1,043,321 | 915,978 |
| | 1969년생 | 1,044,943 | 914,615 |
| | 1970년생 | 1,006,645 | 909,777 |
| | 1971년생 | 1,024,773 | 935,176 |
| | 1972년생 | 952,780 | 888,249 |
| | 1973년생 | 965,521 | 887,828 |
| | 1974년생 | 922,823 | 852,896 |
| | 계 | 9,992,398 | 8,799,689 |
| 총계 | | 20,818,608 | 16,772,320 |

출처: 1970년 이전은 각 년도 세계은행 자료, 1970년부터는 각 년도 생명표로부터 재구성.

발 5개년 계획'은 대한민국 경제 성장의 중요한 전기가 되었다. 이후 외자 유치로 기간산업과 사회간접자본에 대한 집중 투자가 이루어져 고도 성장 궤도에 오르면서 1970년대에는 줄곧 두 자릿수의 경제 성장률을 이룩했고, 이른바 '한강의 기적'을 실현했다. 그러나 베이비붐 세대의 유년기 삶은 그리 녹록지 않았다. 국민 대다수가 절대빈곤 상태에 놓여 있었고, 교육만이 거의 유일한 계층 사다리였기 때문에 그 사다리에 올라타려는 또래 친구들과 치열한 입시 경쟁을 벌여야 했다. 특히 베이비붐 세대들이 초중고교에 다녔던 1960~1980년대는 학생들의 수요를 공교육의 공급이 미처 따라가지 못해 교실 부족 사태를 빚었고, 그 결과 콩나물 교실, 2부제 수업(오전반과 오후반으로 나누어 수업을 하는 방식) 등이 연출되기도 했다. 사회경제적으로는 1970년 대한민국 물류의 대동맥이라 할 수 있는 경부고속도로, 1974년 서울 지하철 1호선이 개통되었고, 1976년 최초의 국산 자동차가 첫선을 보이며 자동차 강국의 초석을 놓았다.

베이비붐 세대가 상급 학교에 진학함에 따라 입시를 둘러싼 과열 경쟁과 대학 입학을 위한 입시 전문 학원과 과외 교습 등 사교육 시장의 팽창 같은 새로운 교육 문제가 나타나기도 했지만, 부모 세대보다 많은 교육을 받은 베이비붐 세대는 고등학교 또는 대학 교육을 마치고 난 후 경제 성장의 순

풍 속에서 순조롭게 사회에 첫발을 내디뎠다. 베이비붐으로 어느 때보다 많은 인력이 배출되었음에도 수출 호재로 인하여 우리 사회의 노동력 수요는 늘 공급을 초과했다. 일자리는 많았고 새로운 기회는 활짝 열려 있었다. 1990년대에는 뜨거운 건설 경기와 꾸준한 수출 증가로 고도 성장을 완성했고, 베이비붐 세대는 이러한 대한민국의 도시화 및 산업화를 주도했다.

거대 인구층인 베이비붐 세대가 결혼 연령에 도달하면서 주택 부족이 새로운 사회로 급부상했고, 1980년대 후반 수도권 200만 호 아파트 공급을 비롯해 과천, 분당, 일산 등 신도시 개발에 나섰다. 합계출산율 평균 4명 이상인 시대에 태어나 경쟁의 틈바구니를 어렵게 헤쳐 나온 베이비붐 세대는 자신들의 경험을 반면교사 삼아 '소(少)자녀'를 선택했고, 그 결과 합계출산율은 1983년 이후 대체 출산율[2] 수준인 2명대에서 1명대로 감소했다. 또 베이비붐 세대는 결혼 후 대부분 '남성 전업과 여성 가사'의 전통적인 가구 유형을 형성했으며, 높은 이자율과 부동산 가격 상승 등으로 빠르게 자산을 불려 나갔다.

---

2) 현재의 인구 수준을 그대로 유지하기 위해 필요한 합계출산율로서, 2.1명에 해당한다.

2039년이면 전체 베이비붐 세대, 즉 약 1677만 명이 노년기에 들어서면서 '베이비붐'은 이른바 '시니어붐(senior-boom)'으로 돌아올 것이다. 그리고 베이비붐 세대 전체가 노인인구에 편입되는 2039년 우리나라 고령인구 비율은 33.7%에 이를 것으로 전망된다(통계청, 2021a). 베이비붐이 우리 사회를 성장시키고 변화시켜 왔던 것처럼 이제부터는 시니어붐이 우리 사회를 변화시킬 것이며, 베이비붐이 사회에 미쳤던 영향만큼, 아니 어쩌면 그보다도 더 크게 시니어붐이 우리 사회에 영향을 미칠 것이다.

취학 전 아동을 대상으로 하는 산업인 영유아 산업, 이른바 '엔젤(angel) 산업'의 수요보다 시니어붐으로 노인복지 수요가 폭발적으로 증가하고 고령층 소비자들을 대상으로 하는 산업인 '고령친화산업'의 규모가 확대될 것이다. 베이비붐 시니어들은 전 세대를 통틀어 가장 큰 경제력을 지닌 세대일 뿐 아니라 근대와 현대, 경제 확장기와 경제 축소기, 아날로그와 디지털 등 이질적인 경험을 모두 해 본 이들이기도 하다. 따라서 이들의 소비 욕구는 다양하고 적극적이다. 이미 중장년층에 걸쳐 있는 베이비붐 세대의 소비 패턴은 시장에 막대한 영향력을 행사하고 있다. OTT 콘텐츠와 모바일 쇼핑 등에서 이들의 디지털 소비가 확대되고 있다. 이들은 과거 노인 세대처럼 단순히 공중파 텔레비전이나 영화관, 공연장을 찾아 자신이 좋아하는 가수나 배우의 콘텐츠를 소비하는 데 머물지 않고, 적극적인 팬덤 문화를 형성하여 온·오프라인에서의 팬클럽 활동 참여, 음원 스트리밍 서비스 이용, 굿즈 구매, 심지어 자신이 좋아하는 연예인이 광고하는 상품 구매 등의 방식으로 시장에서 베이비붐 세대의 영향력을 확대해 가는 추세다.

베이비붐 세대 노인들의 욕구는 과거에 비해 훨씬 더 다양하고 차별화되어 있다. 주거의 경우만 해도 과거와 같이 단순한 노인 생활 시설인 양로원을 넘어 하나 울타리 안에서 연령과 욕구, 건강 상태에 따라 시설이나 서비스를 옮겨 가면서 지속적인 돌봄을 제공받을 수 있는 고령층을 위한 주거단지 C.C.R.C.(Continuing Care Retirement Community)를 선호한다. 고령층의 생활 방식에 맞춰 신체적 노화를 보완할 수 있는 보조 시설이나 인테리어를 갖춘 주택과 아파트에 대한 욕구도 증가할 것이다. 요양병원이나 노인 전문 병원은 더 확대될 것이며, 이미 운영 중인 '시소(시니어는 소중하니까)'처럼 고령층에게 맞춤형 교육이나 생활 도움 서비스 등을 제공하는 다양한 시니어 서비스 플랫폼도 더 다양해질 것이다.

## 저출생과 인구절벽

우리는 현재 앞서 설명한 인구가 급증하던 베이비붐 시대와는 정반대의 인구 감소 시대를 살아가고 있다. 인구 감소의 원인은 다양한데, 제한된 지역에서 전출 인구가 전입 인구보다 많을 때 인구가 감소할 수도 있고, 또 사망 인구보다 출생 인구가 적을 때도 인구가 감소할 수 있다. 전출 인구 대비 전입 인구의 감소로 인한 인구감소는 대체로 좁은 범위의 지역사회에서 일어나는 현상인 반면, 사망 인구 대비 출생 인구의 감소로 인한 인구 감소는 주로 더 넓은 국가 수준에서 논의될 수 있다. 현재 우리 사회가 경험하고 있는 인구 감소는 지역별로 농산어촌 지역의 경우에는 전자와 관련된 문제라고 할 수도 하지만, 전 국가적 수준에서는 주로 후자와 관련된 문제라고 할 수 있다.

인구 감소의 문제를 논의하기 위해서도 앞서 베이비붐을 논의할 때와 마찬가지로 몇 가지 관련 개념부터 이해해야 한다. 앞서 출생과 관련된 개념들을 앞서 설명했기 때문에 이번에는 사망 및 인구 변동에 관련된 개념들을 설명하고자 한다.

첫째는 '사망률' 개념이다. 사망률 역시 인구통계에서는 '조사망률(Crude Death Rate, CDR)' 개념을 주로 사용한다. 조사망률이란 한 인구 집단의 사망 수준을 나타내는 기본적인 지표로서, 특정 해의 연간 사망자 수를 당해 연도의 연앙 인구로 나눈 수치를 1000분비로 나타낸 것으로, 다음과 같이 계산한다.

$$조사망률 = \frac{당해년도의\ 총\ 사망자\ 수}{당해년도의\ 연앙인구\ 수} \times 1000$$

두 번째 개념은 '인구증가율'이다. 인구증가율이란 일정한 지역 안에 거주하는 인구가 증가하는 비율로, 사망 대비 출생이 더 많을 때는 인구가 증가하고 사망 대비 출생이 더 적을 때는 인구 감소가 발생한다. 인구증가율은 다시 '자연증가율'과 '사회증가율'로 구분되는데, 자연증가율은 사망률 대비 출생률의 초과분을 의미하고 사회증가율은 전출률 대비 전입률의 초과분을 의미한다. 자연증가율과 사회증가율이 두 가지를 합친 것이 바로 '인구증가율'이다.

$$\begin{aligned}인구증가율 &= 자연증가율(출생률 - 사망률)\\ &\quad + 사회증가율(전입률 - 전출률)\end{aligned}$$

그럼 본격적으로 저출생과 인구절벽에 관하여 이야기를 시작해 보자. 가장 중요한 자산이 토지와 노동력이었던 농경사회에서는 자녀가 곧 노동력을 의미하기 때문에, 자녀를 많이 낳을수록 가정의 노동력이 증가하여 더 많은 부를 축적할 수 있었다. 따라서 다산에 의한 많은 자녀는 다복(多福)의 상징이었다. 그러나 산업화가 진행되면서 많은 노동력을 필요로 하는 농산어업에 대한 의존도는 점차 감소하고, 산업이 고도화되면서 노동력의 양보다는 많은 교육을 받고 높은 수준의 기술력을 갖춘 노동력의 질, 즉 인력의 수준이 더욱 중요해졌다. 고급 노동력의 중요성은 형식교육(제도적인 학교교육) 기간의 연장을 불러왔고, 자녀를 많이 낳는 것보다 자녀를 잘 교육하는 것을 더 중시하게 되면서 자녀 교육에 소요되는 시간과 비용이 점차 증가하게 되었다. 또 개인주의의 확산으로 국가나 사회 심지어 가족보다도 개인의 행복이 더 우선시되면서 소자녀화(少子女化)는 더 급격히 진행되었다.

과거 1955년부터 20년에 걸친 베이비붐 기간 동안 정부에서는 인구 과잉의 위험성을 강조하면서 강력한 산아 제한 정책을 펼쳐 왔다. 물론 여성의 사회 진출 확대 및 개인주의 가치관의 확산 등 우리 사회의 변화를 고려해 볼 때 지금의 저출생 현상이 정부 산아 제한 정책만의 결과라고 보기는 어렵다. 특히 여전히 일-가정의 양립을 어렵게 만드는 직장 문화와 사회 구조, 고용 불안정 및 주택 가격 폭등 등의 경제적 어려움은 최근의 초저출생에 중요한 영향을 미쳤다. 1970년대 중반부터 베이비붐은 막을 내렸고, 이후 출산율 및 출생아 수는 감소하기 시작했다. 1984년 처음으로 합계출산율은

2명 미만으로 떨어졌고, 2018년 이후부터는 합계출산율이 1명 아래로 떨어졌으며, 2020년부터는 0.8명대의 초저출생 현상이 장기화하고 있다. 출생아 수 역시 1960년 100만 명대 수준에서 1972년에는 90만 명대, 1983년부터 80만 명 미만으로, 2001년부터는 60만 명 미만으로, 그리고 2020년부터는 20만 명선까지 추락했다.

OECD에 따르면, 2020년 합계출산율의 OECD 평균은 1.59명으로 우리나라만이 OECD 중 유일하게 합계출산율이 1명 미만인 국가다. OECD 중 이스라엘의 합계출산율은 2.9명으로 가장 높고, 프랑스 1.79명, 중국 1.7명, 미국 1.64명, 영국 1.56명, 독일 1.53명, 일본 1.33명 등으로 모두 우리보다 높은 수준을 보인다. 2.1명 수준인 대체 출산율과 비교해 볼 때 우리나라의 합계출산율은 그 절반에도 못 미치는 수준이어서 인구 감소를 넘어 인구 반감까지 우려된다.

현재 1차 베이비붐 세대(1955~1964년생)는 50대 후반에서 60대 후반, 그리고 2차 베이비붐 세대(1965~1974년생)는 40대 후반에서 50대 후반에 도달해 '시니어붐'이 다가오고 있다. 반면 저출생 현상의 장기화로 아기 울음소리가 사라진 지 오래인 마을이 늘어나고 신입생이 한 명도 없어 문을 닫아야 하는 학교들이 속출하고 있다. 교육부(2022)에 따르면 1982년부터 2022년까지 전국에서 3896개교가 폐교되었

**그림 1-3** 학령인구와 고령인구의 변화 추이

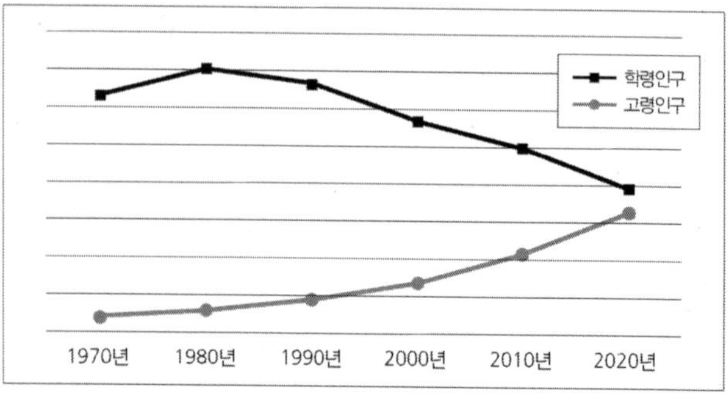


출처: 통계청(2021d). 『장래인구추계: 2020~2070년』으로부터 재구성.

다. 고령인구의 급증 현상인 시니어붐과 저출생으로 인한 학령인구 감소 현상은 그림 1-3에도 잘 나타나고 있다.

## 참고문헌


교육부(2022). 2022년 폐교재산 활용현황(2022.3.1. 기준). 교육부.

김태헌(2010). 우리나라 인구전개에서 베이비붐 세대의 의미. ≪연금포럼≫, 37호, 4~11.

김태헌(2011). 우리나라 인구의 규모와 구조의 변화와 특징: 2010년 인구총조사 및 2011년 장래인구전망을 중심으로. ≪인구교육≫, 4권 2호, 101~125.

두산백과 '출생', https://terms.naver.com/entry.naver?docId=1147770&cid=40942&cat egoryId=31721(2022.07.02. 인출)

최성재(2018.04.27). '고령화 사회' 분류는 유엔이 한 것 아니다. ≪백세시대≫, https://www.100ssd.co.kr/news/articleView.html?idxno=53470

통계청(2019). 장래인구특별추계: 2017~2067년. 통계청.

통계청(2021a). 2021년 사회조사. 통계청.

통계청(2021b). 2021 생명표. 통계청.

통계청(2023). 장래인구추계: 2022~2072년. 통계청.

통계청 인구동향조사, https://www.narastat.kr/metasvc/index.do?confmNo=101003(2023.04.11. 인출)

한정란(2011). 베이비부머의 성공적 노후적응을 위한 교회의 과제. 『샬롬복지원 세미나 발표자료집』, 1~23.

행정안전부(2024.12.24). 65세 이상 인구 비중 20% 기록. 보도 자료.

日本 國立社會保障・人口問題研究所(2024). 2021 人口統計資料集. 人口問題研究所.

OECD Fertility rates (indicator), https://www.oecd.org/en/data/indicators/fertility-rates.html(2022.07.14. 인출)

UN(2019). World Population Prospects 2019. UN Department of Economic and Social Affairs.

## 02

## 100세 시대 이슈 1: 길어진 노후와 노후빈곤

준비되지 않은 노후는 개인에게나 사회에게나 재앙이 될 수 있다. 인생 100세 시대에는 과거보다 긴 노후의 시간을 보내야 하기 때문에 노후에 대한 고민이 더 깊어질 수밖에 없다. 특히 부모 부양 의식 약화로 길어진 노후를 본인 스스로 책임져야 함에 따라 노후준비와 생애 설계가 노년학의 중요한 주제로 부상하고 있다. 지금까지의 노후준비는 주로 경제적 준비에 집중되어 왔지만, 노후준비는 노년기 생활 전반에 대한 준비라는 점에서 신체적 준비, 사회적 준비, 정서적 준비의 중요성도 간과할 수 없다.

## 노인연령과 노인의 기준

'언제부터 노인인가? 노인의 기준은 무엇인가?'라는 질문은 노년학의 가장 기본적이면서도 가장 어려운 질문이다. 노인이나 노년의 시작을 규정하는 기준이나 방식은 시대에 따라, 사회에 따라, 관점에 따라 달라지기 때문이다. 노인을 구분하는 데 주로 사용되는 기준은 다음과 같다.

가장 일반적으로 사용하는 노년기 기준은 연령이다. 연령은 계산 방법이나 지각 방식에 따라 다양하게 구분된다. 주로 다음의 다섯 가지 유형으로 분류해 볼 수 있다(손원숙, 1994; 윤유경, 2000; 윤진, 1985; 조선영, 2013). 첫째, '역연령(曆年齡, chronological age)'은 출생 시간에 따라 정해지는 연령으로 '달력나이' 혹은 '생활연령'이라고도 부른다.

둘째는 '생물학적 연령(biological age)'으로, 개인의 생물학적인 성장이나 성숙, 신체적인 건강 상태에 의해 정해지는 연령이다. 생물학적 연령은 어느 정도 역연령과 높은 관련성을 갖기는 하지만, 반드시 일치하지는 않는다. 생물학적 연령은 개인의 신체적 건강과 밀접한 관계가 있기 때문에 개인의 유전적 특성뿐 아니라 생활 습관이나 환경 등과 관련이 깊다.

셋째는 '심리적 연령(psychological age)'으로, 성격이나 지능, 적응 능력 등과 관련된 심리적 성숙도다. 심리적 연령은 자아정체성이나 변화에 대한 적응 능력, 회복탄력성이나 방어 기제 등과 관련이 깊다.

넷째는 '사회적 연령(social age)'으로, 개인이 소속된 사회의 규범이나 관습에 의해 정해진 연령 기준이다. 즉, 사회적으로 규정된 학령기, 취업기, 혼인기, 은퇴기 등 생애 주요 사건이나 경험, 지위에 대한 사회적·문화적 기대를 반영하는 연령이다.

다섯째는 '주관적 연령(subjective age)'으로, 실제 연령에 관계없이 개인 스스로가 지각하는 자신의 연령을 의미한다. 즉, 스스로 자신의 연령을 어떻게 느끼고 어떤 연령처럼 행동하며 어떤 연령처럼 보이게 생활하는가와 관련된, 스스로 규정하고 지각된 연령이라 할 수 있다.

이 중에서도 역연령이 노인을 구분하는 기준으로 가장 널리 사용된다. 최근에는 수명이 길어지면서 노년기에 해당하는 연령 폭이 확대되면서 노년기 안에서도 차이가 점점 커지는 경향이 있어 노년기를 연령에 따라 더 세분화하려는 경향이 나타나고 있다. 역연령으로 노년기를 구분한 대표적인 학자로 뉴가튼(Neugarten, 1974)을 들 수 있는데, 그녀는 노인 집단을 55~74세의 '연소노인(young-old)'과 75세 이상의 '고령노인(old-old)' 두 단계로 분류했다. 또 애칠리(Atchley, 1989) 역시 노인을 역연령에 따라 세 계층으로 분류했는데, 그는 60

~74세를 '연소노인(young-old)'으로, 75~84세를 '중고령 노인(middle old)', 85세 이상을 '고령노인(old-old)'으로 분류했다.

또 포먼 등(Forman et al., 1992)은 60~69세를 '연소노인(young old)', 70~79세를 '중고령 노인(middle old)', 80세 이상을 '고령노인(very old)'으로 분류했고, 지자와 동료들(Zizza, Ellison, & Wernette, 2009)은 65~74세를 '연소노인(young-old)', 75~84세를 '중고령 노인(middle-old)', 85세 이상을 '고령노인(oldest-old)'으로 구분했다.

라슬렛(Laslett, 1989)은 인간의 생애주기를 제1인생기부터 제4인생기까지 네 개의 시기로 나누었다. 제1인생기(the First Age)는 출생하여 직업을 준비하는 성장과 학습의 시기로 의존, 사회화, 미성숙과 교육을 특징으로 하는 시기다. 제2인생기(the Second Age)는 성인이 되어 직업을 갖고 가정을 형성하는 시기로 독립, 성숙, 책임, 소득 창출과 저축을 특성으로 한다. 제3인생기(the Third Age)는 자녀의 독립과 퇴직을 통해 사회와 직장 그리고 가정에 대한 책임과 의무에서 벗어나 개인의 자아실현이 정점에 도달하는 시기로 자기 성취를 특징으로 한다. 마지막으로 제4인생기(the Fourth Age)는 생애 마지막 단계로, 노화로 인하여 사회나 가족, 타인에게 의존하여 살아가며 의존과 노쇠, 사망의 시기다.

최근 노인의 연령과 관련된 노년학의 논의는 크게 두 가지인데, 첫 번째는 언제부터 노인으로 볼 것인가 하는 노인의 연령 기준 및 인구 고령화에 따른 노인연령 기준의 상향 조정과 관련된 논의다. 두 번째는 보다 근본적인 질문으로서 노인을 구분하는 '연령'의 기준을 무엇으로 볼 것인가 하는 논의다.

먼저 첫 번째 논의인 노인연령 기준 재검토와 관련한 논의는 오래전부터, 그리고 주기적으로 제기되어 왔다. 법적으로 우리나라에서는 법령에 따라 55세부터 65세까지를 노인의 연령 기준으로 삼고 있다. 현재 「노인장기요양보험법」을 비롯해 「도로교통법」, 「기초연금법」, 「국민연금과 직역연금의 연계에 관한 법률」 등에서는 노인의 연령을 65세 이상으로 규정하고 있으며, 「노인복지법」에서는 노인의 연령을 특정하고 있지는 않지만 노인복지관의 회원 자격으로 60세 이상을 규정하고 있다. 그리고 「고용상 연령차별금지 및 고령자고용촉진에 관한 법률」에서는 55세 이상을 고령자로 규정하고 있어 법령에 따라 기준이 상이하다. UN은 물론이고 OECD(경제협력개발기구)나 EU(유럽연합)에서도 65세를 가장 일반적인 노인의 기준으로 사용하고 있다.

그러나 인구 고령화로 인하여 고령인구가 급속히 증가하고 있고, 과거에 비하여 노인들의 건강 수준이 크게 개선되고 있으며, 저출생으로 인한 사회의 노인 부양 부담의 이 가중됨에 따라 노인연령 기준을 재조정해야 한다는 주장이 나오고 있다. 실제 여러 조사 결과에서도 사회 구성원들과 노인 스스로가 생각하는 노인의 연령 기준은 점차 높아지는 경향을 보이고 있다. 2023년 노인실태조사(강은나 외, 2020)에서도 노인들이 생각하는 노년기 시작 연령은 평균 71.6세로 나타났다.

한국개발연구원에서 발간한 ≪KDI FOCUS≫에 실린 이태석(2022)의 "노인연령 상향 조정의 가능성과 기대효과"에서는 급격한 노인인구 증가와 생산연령인구의 급감으로 인하여 부양 부담이 급격히 커지는 상황에서 건강 상태의 충분한 개선과 노동시장 참여 가능성 확보를 전제로 한 노인 개념의 재검토가 불가피하다고 주장했다. 19세기 이후 상당 기간 노인 여부를 결정하는 통상적인 연령 기준은 65세였으며, 많은 국가의 기준이 65세로 수렴 중이나 명시적 · 이론적 근거는 부재한 상황이다. 그러나 제2차 세계대전 이후 전 세계적인 인구 고령화 추세와 노인 건강 상태의 개선은 이러한 관습적인 노인연령 설정 방식에 문제를 제기하고 있으며, 주요국들은 연금수급개시연령(pensionable age)을 늦추고 노동시장에서 퇴장하는 시점의 평균 연령인 실효은퇴연령(effective retirement age)은 점진적으로 늘려 나가는 추세다(이태석,

2022).

우리나라도 국민연금과 공무원연금의 수급개시연령을 각각 1998년, 2015년에 연금개혁 조치를 통하여 늦춘 바 있으며 2033년까지 점진적으로 65세로 상향 조정될 예정이지만, 그 이후의 연령 조정 방식에 관한 논의는 없는 상태다. 이대로 간다면, 노인연령의 조정 속도가 기대여명의 증가 속도에 미치지 못하여 연금 및 노인복지 수급 기간이 빠르게 증가할 것이며, 결과적으로 연금 및 노인복지 재정에 적신호가 켜질 것이다. 따라서 노인복지제도 전반의 노인연령을 체계적으로 재검토할 필요가 있다(이태석, 2022).

이에 이태석(2022)은 노인연령 조정의 이론적 근거로서 노인연령과 노화 과정 및 건강 상태를 연동시키는 '기대여명' 기준을 제안했다. 초기 선행 연구들은 기대여명이 10년이 되는 시점을 노인연령으로 제안했으나, 최근에는 기대여명 15년 또는 20년까지도 기준으로 제안되고 있다. 우리나라의 경우에 기대여명 15년 기준 노인연령을 적용해 보면, 2022년 기준으로 노인기준연령은 73세가 된다(이태석, 2022). 물론 노인연령 기준을 기대여명 몇 년으로 규정할 것인가에 대해서는 더 많은 조사 및 연구를 토대로 한 이론적 논의와 사회적 합의 과정이 필요할 것이다. 그러나 한 가지 분명한 사실은 우리나라의 지속 가능한 미래를 위해서 경제개발 5개년

계획을 수립한 1964년에 도입되었던 현재의 노인연령 기준인 '65세'에 대한 상향 조정이 필요하다는 점이다.

다음으로 두 번째 논의 주제인 무엇을 기준으로 '연령'을 구분할 것인가는 좀 더 복잡하다. 앞서 언급했듯이, 연령은 역연령, 생물학적 연령, 심리적 연령, 사회적 연령, 주관적 연령 등 다섯 가지로 분류하기도 하지만 역연령, 생물학적 연령, 심리적 연령, 사회적 연령 등의 '객관적인 연령'과 대비하여 자신의 역연령과 상관없이 스스로 지각하는 연령인 '주관적인 연령'으로 구분하기도 한다. 주관적 연령은 자기 스스로가 느끼는 연령으로, 자신의 실제 생활연령과 달리 자신이 지각하는 연령이자 자아 개념의 하나라 할 수 있다(이경숙, 2012; 조선영, 2013).

한 개인은 자신의 연령을 실제 연령보다 더 적게 혹은 더 많게 인식하며, 대부분의 경우 주관적 연령은 실제 역연령보다 더 낮다고 알려져 있다(박지영, 2012; Stephens, 1991). 버락 등(Barak & Schiffman, 1981)은 스스로 응답하는 지각된 연령 변수인 '지각연령'이라는 개념을 제안하고, 지각연령을 자아 개념의 하나로 '자기가 스스로 지각하는 나이'라고 정의했다. 그리고 지각연령을 측정하기 위해 감성 연령(feel age), 외모 연령(look age), 행동 연령(do age), 관심사 연령(interest age) 등 네 개의 연령 차원을 제안했다.

버락(Barak, 1987)은 건강, 사회경제적 지위, 직업 유무, 결혼 등에 따라 실제로 생활연령이 같은 사람들이라도 주관적 연령에 차이가 있기 때문에 인간의 연령은 단순히 실제 생활연령뿐 아니라 다른 요인들과 함께 고려해야 한다고 주장했다. 클리버 등(Cleaver & Muller, 1998)은 주관적 연령이란 얼마나 나이가 들었다고 느끼는지에 대한 자아 개념의 부분적인 개념으로서 실제 연령과는 상대되는 개념이라 주장했다. 실제로 개인의 심리적 기능 및 심리적 복지에 많은 영향을 미치는 것은 생활연령보다는 주관적 연령이다(Settersten & Mayer, 1997).

주관적 연령은 여러 연구자에 의해 지각연령(self-perceived age), 자기분류나이(self-classification), 자기인식나이(self-perceived age), 동일시 나이(self-identification) 등 다양한 명칭으로 재해석되고 있다(조선영, 2013). 많은 연구에서 대부분 노인은 자신의 실제 연령보다 자신을 더 젊게 생각하고 있으며 그들의 행동, 감정, 지각은 실제 연령보다는 주관적 연령과 더 밀접하게 관련되어 있다(장철진 · 박제옥, 1996), 대부분의 선행연구 결과에서 대상 노인들은 자신의 역연령보다 더 젊게 지각하는 경향을 보이며, 그들의 역연령과 주관적 연령과의 차이는 실제 연령이 높을수록 더욱 커지는 경향이 있다(김원경, 1990; 서은현 · 윤가현, 2000). 또한 자신의 주관적 연령을 젊게 지각하는 노인일수록 높은 생활만족도를 보이는 경향이 있다(김원경, 1990; 서은현 · 윤가현, 2000; 손원숙, 1994).

주관적 연령에 관한 연구는 그 자체보다는 실제 연령인 역연령과 주관적 연령의 차이인 '차이연령'에 더 집중되어 있다. 노인의 차이연령과 생활만족도의 관계에 관한 김은영 · 이동수 · 한정란(2018)의 연구에 따르면, 역연령이 평균 74.7세인 조사 대상 노인들의 관심사 연령은 10.1세 더 적은 64.6세, 행동 연령은 8.9세 적은 65.8세, 감성 연령은 5.9세 적은 68.8세, 외모 연령은 5.8세 적은 68.9세로 나타났다. 나이가 많을수록, 고학력일수록, 혼자 사는 노인일수록, 건강할수록 차이연령이 컸다. 또 한국과 미국에서 거주하는 한국 노인들의 주관적 연령 인식을 조사한 연구(양희 · 한정란, 2020)에서는 한국과 미국 거주 노인 모두 감성 연령, 외모 연령, 행동 연령, 관심사 연령 면에서 실제 역연령보다 더 젊게 인식하는 것으로 나타났으며, 한국 거주 노인보다 미국 거주 노인의 차이연령이 더 큰 것으로 나타났다. 한편, 이들 차이연령에 노화에 대한 심리적 불안감이나 외모의 노화에 대한 걱정 등 노화불안이 부분적으로 영향을 미치는 것으로 나타났다.

물질적 가치가 중요시되고 급속하게 변화하는 현대 사회

에서는 노인의 경험이 지니는 가치에 대한 인정이나 인간 발달의 자연스러운 과정인 노화에 대한 수용보다는 젊음을 중요시하고 동경함으로써 노화 자체를 거부하고 두려워하는 경향이 만연하다. 젊음에 대한 동경과 노화에 대한 거부는 노인 혐오와 노인 차별로도 이어질 수 있으며, 노인을 사회의 중요한 구성원으로서 인정하고 수용하지 못함으로써 사회 및 세대통합에도 부정적인 영향을 미칠 수 있다.

## 노후빈곤

기대수명의 연장은 결국 노후 기간의 연장으로 귀결된다. 장수, 즉 오래 살게 되었다는 말의 의미는 청춘의 연장이 아니라 이전에는 경험할 수 없었던 80대, 90대, 그리고 100세 이상의 인생을 경험할 수 있게 되었다는 것, 즉 노년의 연장으로 해석하는 것이 마땅하다. 기대수명의 연장은 우리 인생에서 노년으로 살아가는 기간의 연장을 의미한다. 물론 수명의 연장 즉 장수는 축복임에 틀림없지만, 준비되지 않은 개인과 사회에게는 재앙이 될 수도 있다.

한편, 과거 인생이 60년이던 시대에는 25년을 학습하고 30년을 일하고 남은 5년 정도의 노후를 보내면 되었다면, 오늘날 인생 100세 시대에서는 25년의 학습과 30년의 생산활동 후에도 45년의 노후가 남는다. 물론 지금의 노인들은 과거 노인들에 비해 훨씬 건강하고 외적으로도 젊으며 지적으로나 사회적으로나 더 많은 자원을 가지고 있다. 그럼에도 여전히 과거에 비해 훨씬 더 긴 노후의 시간을 보내야 한다는 사실 앞에 노후에 대한 고민이 깊어질 수밖에 없다.

한 세기 전만 해도 자녀가 가계에 큰 보탬이 될 뿐 아니라 자녀들이 부모의 노후를 책임지는 것이 당연했고, 자녀를 많이 낳는 다산(多産)이 곧 다복(多福)으로 여겨졌다. 특별히 노후를 대비하지 않아도 효성스러운 자녀들이 부모를 봉양했을 뿐 아니라 기대수명이 짧아 자녀들이 책임져야 할 부모의 노후가 그리 길지도 않았다. 장자를 통한 가계 전승을 원칙으로 삼는 부계 중심의 전통적 가족 제도에서 가족을 우선시하고 효를 중시하는 가족주의 가치관은 점차 희박해지고, 산업화와 도시화에 따라 핵가족이 주류를 이룸으로써 개인주의 가치관이 확산되었다. 개개의 가족 구성원보다 가족이라는 집단 전체의 가치를 더 중요시하고 가족 내 인간관계를 가족 이외의 사회관계로까지 확대하고 적용하려는 사고방식인 가족주의하에서 연로한 부모에 대한 부양은 자녀의 당연한 책임으로 인식된다.

그러나 이른바 100세 장수 시대인 지금은 누구나 당연하게 노후를 기대할 수 있고 잘만 관리하면 100년 이상의 인생을 기대할 수 있게 되었다. 반면 가족의 범위가 확대가족에서 핵가족으로 축소될 뿐 아니라 가족 공동체보다 개인을 우선시하는 현대 사회의 가치관에서는 부모의 노후는 자녀에게 의존하는 것이 아니라 부모 스스로 책임져야 함이 당연하다고 여긴다. 과거에는 부모 부양의 책임뿐 아니라 전적인 상속의 혜택까지 물려받은 장남 혹은 여러 명의 자녀들이 분담하여 부모의 노후를 부양하면 됐지만, 지금은 한두 명밖에 되지 않는 자녀가 부모의 30년 이상 되는 긴 노후를 책임져야 하기 때문에 자녀는 물론이고 부모 입장에서도 여간 부담스러운 게 아니다.

또 우리 사회 전반의 의식 및 문화의 변화로 인하여 부모의 노후는 자녀의 책임이 아닌 사회와 본인의 책임이라는 인식이 지배적이다. 2024년 사회조사 결과(통계청, 2024b)에 따르면, 부모님의 노후는 가족 · 정부 · 사회가 함께 돌보아야 한다는 견해가 60.3%, 가족이 돌보아야 한다 18.2%, 부모 스스로 돌보아야 한다 16.4% 순으로 나타났다. 다른 견해들은 2년 전 조사 결과에 비해 모두 감소한 반면, 노후를 부모 스스로 해결해야 한다는 견해는 지속적으로 증가하고 있어 더 이상 노부모 부양이 자녀나 가족의 몫이 아니라는 인식이 널리 퍼져 있음이 확인되었다. 한편 2023년 사회조사(통계청, 2023a)에 따르면, 60세 이상 고령자의 생활비 마련 방법 중 본인이나 배우자가 부담한다는 응답이 76.0%로 가장 많고, 자녀나 친척 등의 지원은 12.0%에 불과하여 노후를 자녀에게 의존하는 노인이 점차 감소하고 있음을 보여 준다. 또한 현재 그리고 미래에 자녀와 동거 여부를 조사한 결과, 현재 자녀와 동거하는 60세 이상 고령자는 31.6%에 불과했으며, 향후 동거를 희망하는 경우도 21.2%에 그쳤다. 그리고 현재 자녀와 동거하는 경우에도 그 이유가 자녀의 독립 생활이 불가능하거나(32.0%) 손자녀 양육이나 가사 등 자녀가 도움을 필요로 해서(8.9%) 또는 미성년 자녀인 경우(1.2%) 등 자녀의 필요 요인에 의한 경우가 40% 이상을 차지하는 것으로 나타나, 노후를 자녀에게 기대는 것이 옛말이 되었음을 방증한다.

이와 같이 노후 기간은 길어진 반면 그 노후를 본인 스스로 책임져야 함에 따라 노후준비, 노후설계, 더 넓게는 생애설계 등이 노년학의 중요한 주제로 부상하고 있다. 정부에서는 노후준비의 중요성을 인식하고 2015년 6월 국민의 건강하고 안정된 노후생활을 위하여 노년기에 발생할 수 있는 빈곤, 질병, 무위(無爲), 고독 등에 대하여 사전에 대처할 수 있도록 노후준비 지원에 관한 사항을 정한 「노후준비지원법」을 제정 · 공포했다. 동법 제3조에서는 “국가와 지방자치단체는 노후준비 지원을 위한 법적 · 제도적 장치를 마련하는 등 필요한 시책을 수립 · 시행하여야 한다"고 명시하여 노후준비에 관한 국가의 책무를 규정하고 있다. 그리고 법 규정에 따라 그동안 국민연금공단에 '중앙노후준비센터'를, 그리고 국민연금 각 지사에 '지역노후준비지원센터'를 두어 대국민 노후준비 서비스를 제공해 왔다.

그러나 국민연금공단을 통한 노후준비 지원 서비스가 지닌 여러 한계로 인하여 그동안 노후준비 서비스가 널리 확산되는 데 제약이 있었다. 예를 들어 기존의 노후준비 종합정보시스템에서는 국민연금뿐 아니라 개인연금, 퇴직연금 등의 연금 정보를 통합 조회할 수 있도록 하고 있으나, 국민연금 외의 특수직역연금(공무원연금, 군인연금, 사립학교교직원연금 등)과 농지연금 등에 관한 정보는 연계되지 않아 전 국민을 대상으로 한 서비스에 한계가 있었다. 이러한 문제점을 해결하기 위하여 2021년 12월 노후준비 종합정보시스템의 통합적인 운영을 위하여 주택담보노후연금보증, 농지담보 노후생활안정자금, 공무원연금 · 군인연금 등 직역연금 정보도 노후준비 종합정보시스템에서 조회할 수 있게 보건복지부장관에게 관련된 자료 또는 정보의 제공을 요청할 수 있는 권한을 부여하도록 법을 개정했다. 또한 기존 국민연금공단 및 지사가 중앙노후준비지원센터 및 지역노후준비지원센터로 지정되어 노후준비 서비스를 제공하도록 하는 노후준비 전달 체계를 개편하여 시도지사가 광역노후준비지원센터를 지정·운영할 수 있도록 함으로써 지역 주민들의 서비스 접근성을 제고하도록 개정을 추진했다.

노후준비는 노후생활 전반과 관련되므로 어느 한 영역에 국한된 것이 아니라 생활의 모든 영역에서 필요하다. 노후준비의 영역을 구분하는 방식은 학자에 따라 차이가 있지만, 일반적으로는 경제적 준비, 신체적 준비, 사회적 준비, 정서적 준비 등으로 분류된다(이남·한정란, 2014).

첫째, 경제적 노후준비는 노후에 필요한 활용 가능한 자원을 준비하는 것으로, 개인이 준비하는 부분과 국민연금과 같이 국가적 차원에서 사회가 준비해야 할 부분으로 구성된다(안현선 외, 2009). 경제적 노후준비는 직업으로부터 물러남에 따라 근로를 통한 소득이 감소하는 노후 시기를 앞둔 이들이 가장 중요하게 생각할 수밖에 없는 부분이다. 과거에는 노후를 위한 경제적 준비가 주로 노년기에 국한된 문제로 인식되었으나 최근에는 고용 불안과 부양의식 변화 등으로 인하여 모든 연령층의 문제로 인식되기도 한다. 특히 만혼과 늦은 출산으로 과거와 달리 부모가 퇴직할 때까지도 자녀의 교육이 마무리되지 않거나 자녀가 독립하지 못하는 경우가 많기 때문에 노후 경제적 준비에 대한 걱정이 클 수밖에 없다.

2023년 사회조사 결과(통계청, 2023a)에 따르면, 19세 이상 성인 중 노후준비를 하고 있거나 노후준비가 되어 있다는 응답이 전체의 69.7%로 비교적 높게 나타났다. 그러나 노후준비 방법으로는 국민연금과 직역연금 등 공적연금이 67.2%로 대부분이 공적연금에 의존하고 있었다. 이러한 노후준비의 부족은 노후소득 절벽으로 이어지고, 결과적으로는 노후까지도 생계를 위해 일자리를 찾는 현상으로 이어진다. 그 결과 퇴직 후 노년기에도 일자리를 희망하는 찾는 노인이 늘고 있으며, 실제로 2023년 65세 이상 고령자 고용률은 37.3%로 해마다 상승하는 추세이며, 2024년 65~79세 고령자 중 장래에 일하기를 원하는 비중은 57.2%로 역시 해마다 상승하고 있다. 또한 근로를 희망 이유는 생활비 때문이 52.0%로 가장 많은 반면, 일하는 즐거움 때문이라는 응답은 37.7%였다(통계청, 2024a). 삶의 기본이 되는 의식주를 해결하고 노화로 인한 질병의 치료나 여가생활 등 노후 삶의 질을 위해서는 경제적인 뒷받침이 반드시 필요하다.

그러나 대부분의 사람이 느끼는 노후생활에 대한 걱정은 막연한 불안감에 머무는 경우가 많다. 이러한 노후에 대한 막연한 불안감은 정작 자신의 노후를 위하여 얼마의 비용이 필요한지 구체적이고 정확히 알지 못하기 때문에 생긴다. 결과적으로 모두가 노후에 경제적으로 풍요롭게 독립적으로 생활할 수 있기를 희망하고 있지만 그에 대한 준비는 미흡할 수밖에 없다(이정화, 2009). 실제로 은퇴를 하기 전까지는 바쁜 일상으로 인한 시간의 부족과 여유 자금의 부족 등으로 인하여 자신의 노후를 깊이 고민하고 계획할 여유를 갖기가 쉽지 않다. 퇴직 후 연금 수급까지는 소득의 공백기가 존재하고 퇴직 이후 재취업을 한다고 하더라도 이전보다는 지위나 소득 모두에서 열악한 상황이 대부분이기 때문에 노후소득 불안과 소득 감소는 명약관화하다. 따라서 안정적인 노후를 위해서는 일찍부터 불확실한 미래의 노후를 위한 재무적 준비가 중요하다(박창제, 2008).

경제적 노후준비의 부족은 단순히 소득 부족으로 인한 경제적 문제뿐 아니라 여가활동의 위축과 사회적 관계의 악화로까지 이어질 수 있다. 성공적인 노후를 보내고 있는 노인들을 대상으로 한 조해경(2002)의 연구 결과, 경제적 자립이 잘되어 있는 노인일수록 삶의 만족도가 높고 변화에 잘 적응하며 노화에 적극적으로 대처하는 유연한 사고를 가지고 있는 것으로 나타났다. 성공적인 노후생활을 위해서는 노후준비가 중요함을 보여 주는 결과라 할 수 있다.

둘째, 신체적 노후준비, 즉 건강에 대한 준비다. 최근에는 사회 전반적으로 건강에 대한 관심이 크게 증가하고 있고, 이와 같은 사회적 현상을 반영하듯 한국보건사회연구원에서 실시한 노후준비 수준에 대한 조사(황남희 외, 2019)에서도 건강, 재무, 관계, 여가 등 노후준비 4대 영역 중 건강에 대한 준비가 100점 만점 중 74.1점으로 가장 높은 것으로 나타났다. 이는 향후 기대여명이 지속적으로 증가하는 만큼 건강에 대한 노후준비가 점점 더 중요해질 것이라는 점에서도 의미 있는 결과다(황남희 외, 2020). 건강과 관련된 신체적 노후준비에서 중요한 것은 절대적인 수명의 연장보다는 질병 없이 생활할 수 있는 기간인 건강수명을 최대한 오래 유지하는 것이다. 특히 여성들은 기대수명은 남성에 비해 훨씬 더 길지만, 건강수명은 상대적으로 짧다. 2020년 기준으로 우리나라 남성들의 기대수명은 80.5세이고 건강수명은 65.6세로 14.9년 동안 병을 앓으며 살아간다. 반면, 여성들은 기대수명은 86.5세이고 건강수명은 그보나 19.3년이나 짧은 67.2세로, 남성들보다 3.6년을 더 질병과 싸우며 살아야 한다(통계청, 2021). 따라서 건강을 잘 관리하여 건강한 장수를 실현하는 것이 신체적 노후준비의 핵심이다.

최근에는 생활 수준의 향상으로 무엇보다도 전 사회적으로 건강에 대한 관심이 커졌고 외모에 대한 관심도 증가함에 따라 단순히 신체적 건강에 대한 대비뿐 아니라 다양한 측면에서의 신체적 노후준비가 주목을 받고 있다. 더 오랫동안 더 젊고 매력적인 외모를 유지하고 신체적인 균형과 활력을 유지하고자 하는 열망에서 건강한 노후를 위한 질병 예방을 넘어, 효과적인 운동 방법, 건강한 식생활 관리, 외모 관리에 이르기까지 신체적 노후준비에 대한 관심으로 확대되고 있다.

셋째, 사회적 노후준비는 노후 다양한 인간관계에 대한 준비로서, 퇴직 후 일로 맺었던 관계들이 약화됨에 따라 지역사회와 가정을 중심으로 새로운 인간관계를 회복 또는 구축해 나가야 한다. 노후 인간관계 중 가장 중요하고 밀접한 관계는 배우자와의 관계인데, 그 이전까지 주로 가계를 책임졌던 가장과 그 배우자 간의 가정 내 관계 및 역할을 다시 원점에서 재설정하여 평등하고 원만한 동반자적 관계를 확립하는 것이 매우 중요하다. 또 성인이 된 자녀와의 관계 역시 다시 설정해야 한다. 그동안 부모가 자녀에게 거의 일방적으로 지원을 제공해 왔다면, 부모의 퇴직 후에는 거꾸로 성인 자녀가 부모에게 지원하는 자원의 양이 점차 증가하게 된다.

부모와 성인 자녀 간의 지원 교환이 얼마나 평등하게 이루어지는가는 '세대 간 지원 교환의 호혜성(reciprocity of intergenerational support exchange)'의 개념으로, 전통적인 규범으로서의 효를 대체해 나가고 있다. 성인 자녀와 노부모의 관계에서 세대 간 균형 있는 지원이 유지될수록 노인의 심리적 만족도나 주관적 행복감이 높아지며(조병은 · 신화용, 2004; 최형주 · 김정석, 2013), 자녀와 풍족하게 지원을 교환하는 부모일수록 삶의 만족도가 높은 경향이 있다(임효연, 2009). 다음으로 사회적 노후준비에서 중요한 대인관계이자 사회적 지지망은 친구 및 이웃 관계다. 핵가족화와 노인 부부가구 및 단독가구의 증가로 인하여 따로 살면서 왕래도 뜸한 자녀보다도 가까이에서 자주 소통하는 친구나 이웃의 중요성이 강조되고 있다. 특히 비혼 및 무자녀 부부가 증가하고 있어 미래에는 가족의 사회적 지지를 대체할 친구나 이웃 등 비가족 · 비혈연 관계의 중요성이 더욱 증가할 전망이다.

한편, 사회적 노후준비는 노년기 정신건강 및 정서적 안정과도 직결되는 문제여서, 노년기 사회적 관계의 축소는 노인들의 정신건강에 부정적 영향을 미치고, 우울, 불안 등 적응 능력을 약화시킨다(이은영, 2009). 따라서 노년기 이전부터 정서적으로 밀접하고 의지 가능한 가족, 친구, 이웃과의 관계를 공고히 하고 직장 동료 외의 사람들과 사회적 관계와 역할을 찾아 다양한 활동에 참여하는 등의 준비가 필요하다.

끝으로 정서적 노후준비는 질병, 소득 상실, 배우자 상실 등 예기치 못한 위험들에 당면할 가능성이 증가하는 노년기에 대비하여 정서적 대비가 필요함을 의미한다. 노후준비는 퇴직으로 인한 상실이나 노후생활에 대한 걱정과 더불어 노화 자체에 대한 불안과도 관련이 있다. 따라서 퇴직으로 인한 갑작스런 변화에 불안과 긴장으로 인한 심리적 거부감을 완화할 수 있는 심리적 준비가 중요하다. 노년기의 정서적 위기는 소득 감소와 같은 경제적 요인, 건강 악화나 노쇠로 인한 이동성의 저하와 같은 신체적 요인, 자녀의 독립과 본인 퇴직으로 인한 역할 상실, 배우자나 친구의 죽음 등과 같은 사회적 요인 등 다양한 원인에 의해 발생한다.

정서적 노후준비에는 노화 과정을 자연스러운 발달의 과정으로 수용하고 노화된 자신의 모습을 긍정적으로 받아들이는 태도가 중요하며, 노년기의 삶을 의미 있게 보내기 위한 다양한 활동을 모색하여야 한다. 즉, 노화와 퇴직에 대한 긍정적 태도와 다양한 사회참여 및 여가활동에 대한 준비가 중요하다.

준비된 노후는 축복이지만 준비하지 못한 노후는 고통의 연장일 수 있다. 특히 경제적인 준비 없는 긴 노년은 소득의 절벽 사이를 위태롭게 헤매는 고통의 시간일 것이다. 우리나라는 OECD 국가 중 노인빈곤율 1위라는 부끄러운 타이틀을 가지고 있다. 2022년 기준 66세 이상 고령층의 상대빈곤율에서도 우리나라는 39.7%로, 2위인 에스토니아의 37.4%보다 높을 뿐 아니라 OECD 평균(약 15.1%)의 2.6배에 달하는 부동의 1위를 나타냈다.[3)] 상대빈곤율은 국민 총 가구의 소득을 오름차순으로 배열하여 중앙에 오는 소득액인 '중위소득'을 기준으로 산정하는데, 전체 인구 중 소득이 중위소득의 50% 미만인 계층의 인구 비율을 의미한다. 즉, 고령층의 상대빈곤율이 39.7%라는 것은 우리나라 66세 이상 인구 중 39.7%가 국민 전체 중위소득의 절반 미만의 소득으로 살아가고 있다는 의미다. 공적연금 수급자의 증가와 기초연금, 다양한 노후소득 보장 정책에 따라 노인빈곤율이 해마다 조금씩 개선되고 있는 것은 사실이나 여전히 다른 OECD 국가들에 비해서는 월등히 높은 노인빈곤율을 나타내고 있는 형편이다.

높은 노인빈곤율 통계는 늘 노인복지 논의에서 노인빈곤 문제가 꼬리표처럼 따라다니게 만듦으로써 노인복지의 주된 방향을 노후소득 보장에 고정하는 결과를 낳고 있다. 소득 보장에서 중요한 기능은 계층 간 소득의 재분배와 더불어 사회적 위험에 대한 생애주기 및 세대 간 분산이다. 그러나 우리나라의 경우 전자는 물론이고 후자의 경우에도 매우 취약하다. 대부분의 OECD 국가에서 생애주기별 빈곤위험률이 비슷하게 나타나는 반면, 우리나라는 노년기의 빈곤위험률이 평균보다 약 4배 정도 높다는 사실이 이를 방증한다(여

3) https://www.oecd.org/en/data/indicators/poverty-rate.html?oecdcontrol-9f300511bc-var6=Y_GT65&oecdcontrol-8027380c62-var3=2020

유진, 2015). 우리나라 노인들은 OECD 평균보다 더 긴 노후를 더 적은 소득으로 버텨 내야 하는 것이다.

노후빈곤 문제를 해결하기 위하여 도입된 다양한 정책과 제도들이 있는데, 대표적인 것이 기초연금, 노인 일자리 및 사회활동 지원, 주택연금제도 등이다.

먼저, 기초연금제도는 공적연금제도의 뒤늦은 도입으로 노후를 제대로 준비하지 못한 노인들의 안정된 노후생활을 지원하기 위하여 도입된 제도다. 기초연금은 만 65세 이상이고 대한민국 국적을 가지고 국내에 거주하는 사람 중 가구의 소득인정액이 선정기준액(2025년 기준 단독가구 228만 원, 부부 가구 364만 8000원) 이하인 사람이 대상이다. 즉, 국민연금 등 공적연금을 충분히 받지 못하는 고령층의 소득 절벽을 해소하기 위한 보완적인 연금 기능을 담당하는 공적부조 제도로 2025년 기준 최대 월 324만 2510원을 수령할 수 있다.[4)]

두 번째는 노인 일자리 및 사회활동 지원사업이다. 노인 일자리 및 사회활동 지원사업은 2004년 노년기 보충적 소득 보장과 사회참여 기회 제공을 목적으로 도입되었다. 노인 일자리 사업은 활동의 성격에 따라 노노케어, 취약계층 지원,

---

4) https://basicpension.mohw.go.kr/basicpension/(2025.03.12. 인출)

공공시설 봉사, 경륜 전수 활동 등의 '노인공익활동사업', 가정 및 세대 간 서비스, 취약계층 전문 서비스, 공공 전문 서비스 등의 '노인역량활용사업', 식품이나 공산품 제조 및 판매나 매장 운영, 택배 등의 '공동체사업단', 수요처로 연계하여 근무 기간에 대한 일정 임금을 지급받을 수 있도록 연계하는 '취업지원(취업알선형)' 등으로 운영된다.

마지막으로 주택연금제도다. 우리나라의 높은 노인빈곤율은 부동산 자산 비중이 높은 우리나라 노인들의 자산 규모 특성이 제대로 반영되지 않은 결과라는 지적도 있다. 따라서 자가를 보유했지만 가처분소득이 부족한 노인들의 노후빈곤 해소 방안의 하나로 도입된 제도가 바로 주택연금제도다. 주택연금제도, 일명 역모기지란 부부 중 한 명 이상이 만 55세 이상인 주택 소유자가 집을 담보로 제공하고, 그 집에 계속 살면서 매월 연금을 제공받는 제도다. 주택의 기준은 유동적인데, 현재는 공시가격 12억 원 이하로 주택 또는 주거용도의 오피스텔을 모두 포함한다. 다주택자인 경우에도 부부 소유 주택의 공시지가를 합산한 가격이 12억 원 이하면 신청이 가능하다. 주택연금 수령 방식에는 세 가지가 있는데, 먼저 일반 주택연금으로 주택을 담보로 노후생활 자금을 평생 매월 연금으로 수령하는 것이다. 두 번째는 주택담보대출 상환용 주택연금으로, 인출 한도(연금 대출 한도의 50~

90%) 범위 안에서 일시에 목돈으로 찾아 쓰고 나머지는 평생 매월 연금으로 수령하는 방식이다. 셋째는 우대 지급 방식으로, 부부 기준 2억 원 미만의 1주택 소유자이면서 부부 중 1인 이상이 기초연금 수급권자일 경우에 일반 주택연금 대비 최대 21% 더 수령하는 방식이다. 또 주택연금 상품의 종류에도 두 가지가 있는데, 평생 매월 연금 방식으로 수령하는 종신 방식, 가입연령에 따라 10년, 15년, 20년, 25년, 30년 중 선택한 일정 기간 동안 매월 동일한 금액을 수령하고 평생 거주하는 확정 기간 방식이 있다.[5)]

그러나 실제로 기초연금이나 노인 일자리 및 사회활동 지원사업, 그리고 주택연금제도 등 현금성 급여 방식의 빈곤 대책들이 노년기 빈곤 개선에 얼마나 효과가 있는지에 관한 구체적인 연구는 아직 부족한 형편이다. 또한 현금성 급여 방식 외에 예방적 차원의 노후빈곤 정책에 대한 다양한 연구나 시도들도 빈약하다.

결국 노후빈곤을 예방하는 가장 기본적이고도 확실한 방법은 경제적 노후준비이고, 경제적 노후준비의 출발은 국민연금 등 공적연금이라 할 수 있다. 2024년 말 기준 국민연금

---

5) https://www.hf.go.kr/ko/sub03/sub03_01_01_01.do(2025.03.12. 인출)

총수급자는 약 710만 7550명, 이 중 노령연금 수급자는 84.1%에 해당하는 597만 4533명, 노령연금의 평균 급여액은 65만 6494원이다(국민연금공단, 2024). 향후 국민연금 등 공적연금제도가 자리 잡은 기간이 길어지면서 점차 수급자 비율이 확대되고 급여액도 증가함으로써 노후빈곤 해소에 긍정적인 영향을 미칠 것으로 예상해 볼 수 있다. 그러나 이런 식의 단순히 긍정적인 예측을 하기에는 또 다른 장해물들이 존재한다.

첫 번째 문제는 저출생 및 인구감소에 따른 연금 고갈 문제다. 최근에는 1990년생이 65세가 되어 연금급여를 받기 시작하는 시점인 2055년에 국민연금dl 고갈될 것이라는 전망이 나오기도 했다. 일반적으로 연금 고갈의 주범으로 인구 고령화로 인한 노인인구 증가를 지목한다. 물론 노인인구의 급증으로 연금 고갈 속도가 빨라지는 것은 사실이다. 그러나 연금이 예상보다 훨씬 빨리 고갈되고 있는 데는 계속 연금을 납부해 주어야 하는 생산연령인구가 너무 급격히 감소하는 것도 크게 자리한다. 국민연금은 개인의 노후소득 보장 기능 외에도 사회적 소득재분배 기능을 포함하고 있다.

소득재분배 기능은 크게 두 가지로, 세대 내 소득재분배와 세대 간 소득재분배다. 세대 내 소득재분배 기능이란, 저소득층에게 상대적으로 높은 소득대체율을, 고소득층에게는 비교적 낮은 소득대체율을 보장함으로써 계층 간 소득을 재분배하는 것이다. 반면 세대 간 소득재분배 기능은 미래의 노인이 될 현재의 젊은 생산연령 세대가 현재의 노인 세대를 지원하는 방식이다. 국민연금 초기 가입자인 현 노인 세대는 연금 납부를 통해 자신의 노후를 준비하는 동시에 공적연금의 수혜를 받지 못하는 자신의 부모 세대를 부양해야 하는 이중의 부담을 안고 있기 때문에 제도 초기 가입자의 수익비가 이후 세대의 수익비보다 높게 제도를 설계하는 것이다. 국민연금제도의 정착으로 부모 세대에 대한 사적 부양 부담이 줄어든 미래 세대는 온전히 자신의 노후만 준비하면 되기 때문에 그만큼 낮은 수익비를 감수하도록 하는 것이다.

세대 간 소득재분배라는 특성 때문에 국민연금제도는 젊은 세대가 지금부터 납부한 연금을 온전히 저축해 두었다가 그들이 노후가 되었을 때 분할하여 받아 가는 방식이 아니라 젊은 세대가 납부한 연금을 지금의 노인 세대가 받아 가고 다시 그다음 세대가 납부하는 연금을 지금의 젊은 세대가 받아 가는 방식이다. 따라서 연금이 고갈되지 않게 하려면 연금을 납부할 새로운 생산연령인구가 지속적으로 공급되어야 하는데, 장기화된 초저출생의 늪에 빠진 지금 빠르게 비워져 가는 연금 곳간을 채워 줄 인구가 사라지고 있는 것이다.

두 번째 문제는 낮은 소득대체율 문제다. 소득대체율이

란, 연금액이 생애 평균소득의 몇 퍼센트를 차지하는지를 나타내는 지표로서, 연금의 노후 보장성과 직결된다. 1988년 연금 도입 당시 70%였다가 두 차례 개혁을 거쳐 하향 조정된 소득대체율은 2022년 43.5%이고, 2028년까지 40%로 낮아진다. 그런데 이 수치, 즉 40%는 가입 기간 40년에 전체 가입자 평균소득을 가진 사람의 소득대체율을 의미하는 '명목 소득대체율'이며, 실제 현재 수급자의 생애 평균소득 대비 수급 첫해 연금액 비율인 '실질 소득대체율'은 40%보다 낮다. 실제로 2022년 노령연금 평균 급여액은 약 58만 원으로 명목 소득대체율은 43.5%지만 실질 소득대체율은 24.2%에 불과하다. 향후 평균 노령연금수령액이 올라간다고 하더라도 실질 소득대체율이 얼마나 실효성 있게 상향될 수 있을지는 미지수다. 이는 공적연금으로 인한 노인빈곤 완화 효과가 매우 제한적임을 시사한다.

셋째, 베이비붐세대를 중심으로 한 노인 세대의 자녀 부양 부담이 커지고 있는 문제다. 자녀 세대의 만혼 및 비혼, 청년 실업과 경기 침체 등으로 자녀들이 경제적 · 사회적으로 독립하는 빈 둥지 시기를 한참 지난 시점까지도 부모의 경제적 지원 아래에서 생활하는 성인 자녀가 늘어나고 있다. '빈 둥지 시기'가 아니라 장성한 자식들이 노부모 슬하에서 계속 생활하는 이른바 '찬 둥지 시기'가 되어 가고 있다. 실제로 통계청 자료(통계청, 2023b)에 따르면, 2022년 평균 초혼 연령은 남자 34.0세, 여자 31.5세로 전년 대비 남자는 0.3세, 여자는 0.2세 각각 상승했으며, 10년 전보다는 남성은 1.8년, 여성은 1.9년 상승했다. 또 결혼을 한다고 해도 자녀 양육이나 주택 마련의 어려움으로 인해 자발적으로 가족과 함께 노부모의 집에 들어와 살거나 노부모의 집 근처에서 거주하며 부모로부터 지원을 받는 기혼 자녀들도 늘어나고 있다. 결국 자신의 노부모를 부양함과 동시에 성인 자녀를 물심양면으로 돌보아야 하는 이중의 부담으로 인하여 앞으로의 노년층 역시 노후빈곤에서 자유로울 수 없을 것이라는 예측이 나온다.

## 참고문헌

강은나 · 김혜수 · 정찬우 · 김세진 · 이선희 · 주보혜 · 황남희 · 김경래 · 이혜정 · 최경덕(2024). 『2023년 노인실태조사 결과보고서』. 보건복지부·한국보건사회연구원.

국민연금공단(2024). 국민연금 공표통계(2024년 11월 기준). 국민연금공단.

김원경(1990). 성인, 노인기의 주관적 연령지각에 따른 심리적 적응 양상. 연세대학교 대학원 석사 학위 논문.

김은영 · 이동수 · 한정란(2018). 노인의 차이연령과 노화불안이 생활만족도에 미치는 영향. ≪노년교육연구≫, 4권 1호, 25～46.

박지영(2012). 시니어소비자의 실제연령과 인지연령에 따른 구매의도, 불평행동 관계성에 관한 연구. 조선대학교 경영대학원 석사 학위 논문.

박창제(2008). 연령별 재무적 노후준비 유형에 관한 연구. ≪사회보장연구≫, 24권 4호, 139～166.

서은현 · 윤가현(2000). 주관적 연령지각과 생활만족도 및 건강관심과의 관계. ≪한국노년학연구≫, 9호, 131～148.

손원숙(1994). 주관적 연령지각과 자아개념 및 생활만족도 간의 관계. 이화여자대학교 대학원 석사 학위 논문.

안현선 · 김효민 · 안진경 · 김양희(2009). 중년기 여성의 노후준비도와 성공적 노후에 대한 인식이 생활만족도에 미치는 영향. ≪한국가족자원경영학회지≫, 13권 3호, 137～

155.

양희 · 한정란(2020). 노인의 주관적 연령 인식: 한국과 미국 거주 노인 간 비교. ≪노년교육연구≫, 6권 1호, 23~42.

여유진(2015). 사회통합과 행복 간의 관계. ≪보건복지포럼≫, 221권, 36~43.

윤유경(2000). 주관적 연령지각과 관련요인에 관한 개관. ≪한국심리학회지≫, 19권 1호, 61~78.

윤진(1985). 『성인 · 노인 심리학』. 중앙적성출판사.

이경숙(2012). 중년여성의 차이연령에 따른 화장품 추구혜택이 화장품 구매행동과 만족도에 미치는 영향. 경희대학교 대학원 박사 학위 논문.

이남 · 한정란(2014). 중년기 취업여성과 비취업여성의 은퇴기대와 노후준비: 충남 서해안 지역을 중심으로. ≪보건사회연구≫, 34권 3호, 374~399.

이은영(2009). 중년 여성의 노후생활 만족도에 관한 연구. 건국대학교 대학원 석사 학위 논문.

이정화(2009). 광주 · 전남 중년층의 노년기 인식과 신체적, 경제적, 사회적 노후준비: 성차를 중심으로. ≪한국지역사회생활과학회지≫, 20권 2호, 275~289.

이태석(2022). 노인연령 상향 조정의 가능성과 기대효과. ≪KDI FOCUS≫, 통권 115권, 1~8.

임효연(2009). 일본 대도시 독거노인의 자녀와의 자원교환형태에 따른 생활만족도. ≪대한가정학회지≫, 47권 5호, 59

~66.

장철진 · 박제옥(1996). 노년층 소비자의 인지연령에 따른 쇼핑성향과 의류점포 속성 중요도. ≪한국의류학회지≫, 20권 1호, 28~42.

조병은 · 신화용(2004). 노부모 부양에 대한 성인자녀의 공평성 지각 및 이익에 따른 관계의 질: 공평성 이론에서 본 한국과 재미교포사회의 비교. ≪한국노년학≫, 24호, 231~247.

조선영(2013). 성인여성의 생활연령과 지각연령의 차이가 외모관리행동 및 자아존중감에 미치는 영향. 호서대학교 벤처전문대학원 박사 학위 논문.

조해경(2002). 성공적인 노화에 관한 연구: 노인들의 성인학습을 통하여. 연세대학교 대학원 박사 학위 논문.

최혜주 · 김정석(2013). 자녀관계와 자아통합감: 세대간 거주형태별 분석. ≪한국인구학≫, 36권 2호, 89~103.

통계청(2020). 2020 사회조사 결과. 통계청.

통계청(2021). 2021 생명표. 통계청.

통계청(2023a). 2023 사회조사 결과. 통계청.

통계청(2023b). 2023년 혼인 이혼 통계. 통계청.

통계청(2024a). 2024 고령자통계. 통계청.

통계청(2024b). 2024 사회조사 결과. 통계청.

황남희 · 김경래 · 박은자 · 주보혜 · 임정미 · 김혜수 · 이소정 · 성혜영 · 유재언 · 김재호 · 이금룡(2020). 『제2차 노후준비 지원에 관한 5개년 기본계획 수립을 위한 연구』. 한국보건사회연구원.

황남희 · 유재언 · 박은자 · 김혜수 · 양찬미 · 김재호 · 성혜영 · 이금룡(2019). 『노후준비 진단지표 개선 및 2019년도 노후준비 실태조사』. 한국보건사회연구원.

Atchley, R. C.(1989). A Continuity Theory of Normal Aging. *The Gerontologist,* 29, 183~190.

Barak, B.(1987). Cognitive age: A new multidimensional approach to measuring age identity. *International Journal of Aging and Human Development, 25*(2), 109~128.

Barak, B., & Schiffman, L. G.(1981). Cognitive age: A nonchronological age variable. In Kent B. Monroe(Ed.), NA-Advances in Consumer Research Vol. 8(pp. 602~606). Ann Abor, MI: Association for Consumer Research.

Cleaver, M., & Muller, T. E.(1998). Testing the theoretical link between cognitive age and travel motives: A new way to segment the Australian senior tourism market?, ANZMA' 98 Conference Proceedings, 1634~1648.

Forman, D. E., Berman, A. D., McCabe, C. H., Baim, D. S., & Wei, J. Y.(1992). PTCA in the elderly: The "young-old" versus the "old-old". *Journal of the American Geriatrics Society, 40*(1), 19~22.

Laslett, P.(1989). *A fresh map of life: The emergence of the third age.* Cambridge, MA: Harvard University Press.

Neugarten, B. L.(1974). Age groups in American society and the rise of the young-old. *The Annals of the American Academy of Political and Social Science,* 415, 187~198.

Settersten, R., & Mayer, K.(1997). The measurement of age, age structuring, and the life course. *Annual Review of Sociology,* 23, 241~245.

Stephens, N.(1991). Cognitive age: A useful concept for advertising?. *Journal of Advertising, 20*(4), 37~47.

Zizza, C. A., Ellison, K. J., & Wernette, C. M.(2009). Total Water Intakes of Community-Living Middle-Old and Oldest-Old Adults. *The Journals of Gerontology Series A: Biological Sciences and Medical Sciences, 64A*(4), 481~486.

# 03

## 100세 시대 이슈 2: 늘어난 여가와 노인 평생학습

인류의 오랜 꿈인 장수가 실현되면서 생긴 고민 중 하나는 역할 없는 노년의 긴 여가 시간을 무엇으로 채울 것인가다. 노년기에는 이전의 발달 단계들과 달리 한 역할이 사라진 자리를 새로운 역할이 대체하는 것이 아니라 기존 역할을 상실하고 축소된 채로 그에 적응해 가야 한다. 노년기 여가를 미디어 시청이나 휴식 같은 소극적 방법이 아니라 적극적, 생산적으로 활용하는 대표적 방법이 평생학습 참여다. 특히 베이비붐 세대의 노년층 진입 및 사회 변화의 가속화에 따라 노인 평생학습의 중요성이 강조되고 있다.

노년기는 의무적인 생산활동의 시기가 끝나고 휴식과 여가가 점차 증가하는 시간이다. 따라서 노년기의 연장은 결국 여가의 연장을 의미한다고도 할 수 있다. 인류의 오랜 꿈이었던 장수가 현실이 되면서 새롭게 떠오른 고민 중 하나는 역할 없는 노년의 긴 여가 시간을 무엇으로 채울 것인가다. 노년기는 직장으로부터의 퇴직과 역할 축소, 자녀의 독립 및 출가로 인한 가사 부담 감소, 신체적 노화로 인한 활동성 감소 등 다양한 변화로 인하여 역할 수행에도 큰 변화가 초래되는 시기다. 노년기 역할 변화는 이전의 발달단계와는 달리 한 역할이 사라진 자리를 새로운 역할이 대체하는 것이 아니라 기존 역할이 상실된 상태 그대로 축소되는 역할에 적응해 가야 한다는 점에 특징이 있다. 결국 생애 후반부로 갈수록 점차 역할이 축소되어 이른바 '역할 없는 역할'의 '무위(無爲)' 상태에 이르게 된다. 그리고 이러한 역할 상실로 인하여 가장 크게 체감하게 되는 변화는 바로 여가 시간의 증가다.

'여가 시간'이란 "1일 평균 일하고 남은 시간에서 생리적 필수시간을 제외한 자유시간"(문화체육관광부, 2019)으로 "직업에 관한 일이나 가사 · 면학 등의 일상생활에 소요되는 시간을 뺀 나머지의 자유 시간"(이태신, 2000)이라고 정의할 수 있다. 통계청의 2019년 생활시간조사(통계청, 2019) 결과에 따르면, 60세 이상 노인들의 평균 여가 시간은 6시간 51분으로 전 연령 중 가장 길 뿐 아니라 여가 시간이 가장 짧은 30대(3시간 39분)와 비교하면 거의 두 배 가까이 길다. 노년기에는 학업과 직업을 모두 마친 상태이므로 그에 사용하는 의무 시간이 줄어들고 자녀의 독립과 가족원의 감소로 가사에 사용하는 시간도 줄어들기 때문에 상대적으로 여가 시간이 증가할 수밖에 없다.

여가 시간은 말 그대로 개인이 자유롭게 사용할 수 있는 시간이지만, 경제적 자원이나 사회적 자원이 제한적인 노인들에게는 여가 시간을 자신의 욕구대로 다양하게 사용한다는 것 자체가 쉬운 일이 아니다. 실제로 우리나라 노인들은 95.3%가 여가 시간에 텔레비전 시청 및 라디오 청취를 하고 있으며, 43.7%가 스마트 기기를 활용한 텔레비전이나 유튜브 시청 및 라디오 청취를 하는 것으로 나타났다. 텔레비전, 유튜브, 라디오 외에 주로 하는 여가문화활동(1, 2순위)으로는 휴식활동(산책, 음악감상, 기타) 96.5%, 사회 및 기타 활동 43.2%, 취미오락활동 39.1% 등인 것으로 나타났다(강은나 외, 2024). 결국 우리나라 노인들은 기대수명의 연장으로 여가활동 기간은 점차 길어지고 있는 반면, 여전히 소극적인 여가활동에 집중할 뿐 여가를 적극적으로 향유하지는 못하고 있다.

미디어 시청이나 휴식과 같은 소극적인 여가가 아니라 적극적이고 생산적으로 여가를 활용하는 대표적인 방법은 평생학습에 참여하는 것이다. 과거에 비하여 베이비붐 세대의 노년층 진입 등으로 노년층의 교육 수준이 향상되고 있고, 기술 혁신 등 사회 변화 속도 또한 점차 가속화됨에 따라 노년층의 평생학습 욕구 증가와 동시에 사회적으로도 노년기까지 평생에 걸친 교육의 중요성이 더욱 강조되고 있다. 이에 고령사회 진입과 더불어 노인 평생교육, 즉 노년교육을 활성화해야 한다는 목소리가 높지만, 아직 현실은 이에 못 미치고 있다.

인구 고령화와 노년층의 교육 욕구 증가에도 여전히 노년교육이 확대되지 못하는 이유는 다음과 같다. 첫째, 정부의 취약노인 중심 노인복지정책 추진에서 원인을 찾을 수 있다. 노인빈곤율 OECD 1위라는 현실은 빈곤노인이나 허약노인 등 취약계층을 중심으로 하는 노후소득 및 의료 보장 위주의 노인복지정책에서 벗어나지 못하게 한다. 실제로 2025년 우리나라 노인복지 예산 중에서 기초연금(소득 하위 70% 노인들에게 지급되는 무기여연금) 예산이 차지하는 비중은 80%에 이른다. 즉, 노인복지 예산 대부분이 취약계층 노인을 위한 복지인 기초연금 운영에 편중되어 있는 셈이다(참여연대, 2024). 상황이 이러하다 보니, 시급성에서 우선순위가 떨어지는 노인 평생교육에 대한 정책적 관심과 예산 지원은 뒤로 밀릴 수밖에 없다.

그러나 기초연금과 같은 현금 지원을 통한 노후소득 보장은 당장은 효과를 나타낼 수 있을지 몰라도 장기적으로 노후소득 개선을 담보하지는 못한다. 오히려 장기적으로 안정적이고 건강한 노후를 보장하기 위해서는 노년층의 직업역량이나 자기관리 역량을 제고하여 건강하고 생산적인 노후를 영위할 수 있도록 돕는 노인 평생교육 확대가 필요하다. 노년기 평생학습 참여는 그 자체로서 신체적 · 정신적 건강에 긍정적 효과를 미칠 뿐 아니라, 평생학습을 통해 축적된 역량은 생산활동이나 자원봉사 등 다양한 사회참여로 연계될 수 있기 때문이다.

둘째, 노년교육이 활성화되지 못하는 또 다른 이유는 우리 사회의 노인 평생교육에 대한 인식 부족 때문이다. 이미 1965년 파리에서 개최된 유네스코 성인교육에 관한 국제회의에서 랑그랑(Paul Lengrand)이 평생교육의 개념을 천명했지만, 일부에서는 아직도 교육을 학령기 아동 및 청소년의 전유물로 오해하는 경우가 많다. 우리나라 국민의 높은 교육열과 엘리트교육에 대한 지나친 관심은 평생교육, 특히 학습 성장판이 다 닫혀 버렸다고 믿는 노년층에 대한 평생교육을 무의미한 것으로 치부하는 경향이 있다. 실제로 2025년 평생교육 및 직업교육 관련 예산은 1조 1022억 원으로, 이는 기금을 제외한 교육부 예산(98조 896억 원) 중 1.12%에 불과한 금액이다(교육부, 2025). 게다가 평생교육 및 직업교육 관련 예산 중 노인 평생교육에 특화된 예산은 극히 미미한 수준이다.

이와 같이 비록 아직 정책적으로는 주목을 받고 있지 못하지만, 그럼에도 인구 고령화는 학교교육이 중심을 이루었던 교육의 초점을 점차 인생 후반의 고령 학습자들을 중심으로 하는 노년교육 쪽으로 옮겨 놓고 있음은 분명하다. 특히 베이비붐 세대의 노화로 고령인구가 크게 증가하고 길어진 삶의 기간 동안 변화에 적응하고 삶의 질을 향상시키는 데 필요한 노년교육의 중요성이 커지고 있다(한정란, 2015). 또한 기대수명의 연장으로 2025년 65세를 기준으로 남성은 19.90년, 여성은 24.13년, 그리고 2030년에는 65세 남성은 20.59년, 여성은 24.63년 더 살아가야 한다(통계청, 2022). 따라서 이 긴 시간을 무엇을 하며 어떻게 보낼 것인가는 노년의 삶의 질을 결정하는 매우 중요한 문제이며, 인생의 4분의 1이 넘는 노년기를 자기계발과 성장 없이 무의미하게 흘려보낸다면 인생 전체가 허무하게 느껴질 수 있다. 따라서 늘어난 노년기와 연장된 여가 시간을 의미 있고 창조적으로 보낼 수 있도록 돕는 노인 평생교육 연구 및 실천의 필요성이 강력히 제기된다.

다행인 것은 2023년 6월 「평생교육법」 일부 개정으로 제20조의3(노인평생교육시설 설치 등)가 신설되어, 국가와 지방자치단체 및 시도교육감이 노인평생교육시설을 설치 또는 지정, 운영할 수 있도록 법적인 근거가 마련되었다. 물론 '노인평생교육시설'의 정의 및 기준, 그리고 '노인학습자'의 조건과 '노인평생교육 프로그램'의 범위에 관한 시행령 등 세부적인 지침이 마련되기까지는 여전히 넘어야 할 산이 남아 있다. 그러나 노년교육과 관련된 열악한 현실과 사회적 무관심이 오히려 노년학의 초석을 놓은 한국노년교육학회의 창립을 이끌어 낸 중요한 동력으로 작용했다(한정란, 2024)는 지적처럼, 노인 평생학습의 중요성과 시급성에 비추어 볼 때 변화가 멀지 않은 것으로 보인다.

노인 평생학습은 단순히 노년기 학습자들을 대상으로 하는 교육인 '노인을 위한 교육'을 넘어, 언젠가는 노인이 될 사람들에게 긴 노년기를 준비하도록 돕고 증가하는 노인 세대와 소통하고 화합하는 데 필요한 '노인에 관한 교육', 그리고 노인들이 인생을 통해 획득한 지혜와 경험을 다음 세대와 사회에 전수하는 '노인에 의한 교육'을 포함하는 광의의 노년교육 개념으로 확장될 수 있다. 나아가, 궁극적으로는 세대를 가르지 않고 모든 세대 및 모든 연령이 공동체 속에서 활동하고 교류해 나가는 '세대공동체 교육'을 지향한다(한정란, 2015).

국내 노년교육 연구 활동은 2002년 조직된 '교육노년학모임'에서 시작되었다. 2007년 '노년교육연구회'로 이름을 바꾸었고, 2014년 12월 국내 최초의 노년교육 전문 학술 단체인 '한국노년교육학회' 창립으로 이어졌다. 특히 학회에서 발간되는 ≪노년교육연구≫는 노년교육 분야의 전문 학술지로서 노년교육 연구에 기여하고 있으며, 2023년 시작된'노인평생학습사' 민간자격제도 운영을 통하여 노년교육 현장 전문가 양성에도 노력하고 있다(한정란, 2024).

급속한 인구 고령화로 인한 사회적 동력 저하에 대응하고 베이비부머의 노화에 대응하여 노년층의 역량을 제고하기 위하여 노년교육은 더 이상 미룰 수 없는 노년학의 중요한 이슈일 수밖에 없다. 노인 평생교육은 마지막 순간까지 의미 있게 삶을 마무리하고 존엄한 죽음을 수용하기 위해 건강한 노인뿐 아니라 후기 노인에게도 필수적이다. 따라서 노인 평생교육은 노년기라는 특정 생애주기만이 아니라 전 생애 발달 관점에서 각 발달단계에 필요한 역량을 계발하고 각 생애주기의 생활에서 요구되는 지식 및 기능을 습득함으로써 삶의 질을 누릴 수 있도록 도와야 한다. 또 과거에 비해 더 많은 세대가 동시대에 공존해야 하는 다세대 공존의 초고령사회에서, 노인 평생교육은 노인뿐 아니라 모든 연령 및 세대가 서로 협력하고 소통함으로써 세대통합의 평생학습사회를 실현하는 데 목적을 두어야 할 것이다(한정란 · 김영석 · 전수경, 2021).

## 참고문헌


강은나 · 김혜수 · 정찬우 · 김세진 · 이선희 · 주보혜 · 황남희 · 김경래 · 이혜정 · 최경덕(2023). 『2023년 노인실태조사』. 보건복지부 · 한국보건사회연구원.

교육부(2025). 2025년도 예산 개요. 교육부.

문화체육관광부(2019). 『국민여가활동조사』. 문화체육관광부.

이태신(2000). 『체육학대사전』. 민중서관.

참여연대(2024.10.30). 2025년도 보건복지 분야 예산안 분석, 참여연대 정책자료.

최혜지(2021). 2022년 보건복지 분야 예산안 분석: 노인복지 분야. ≪참여연대 월간복지동향≫, 11월호, https://www.peoplepower21.org/welfarenow/1847590

통계청(2019). 2019년 생활시간조사. 통계청.

통계청(2021). 2021 생명표. 통계청.

통계청(2022). 장래인구추계 전국편. 통계청.

한정란(2015). 『노인교육론』. 학지사.

한정란(2024). 한국노년교육학회 10년의 회고와 전망. ≪노년교육연구≫, 10권 2호, 233~255.

한정란 · 김영석 · 전수경(2021). 『초고령사회 대응 노인 평생교육 활성화 방안 연구』. 교육부.

04

# 100세 시대 이슈 3: 건강 노화와 노년기 건강

우리는 모두 가능한 한 오래, 건강하게, 존엄성을 지키며 살기를 바라지만 신체적·정신적 건강은 우리 마음대로 되지만은 않는다. 적절한 운동, 규칙적 생활 습관, 균형 잡힌 식생활을 실천하더라도 노쇠를 완전히 피할 수는 없다. 따라서 초고령사회에서 노년기 건강과 돌봄의 문제, 그리고 건강을 유지하는 노화, 즉 '건강 노화(healthy ageing)'는 사회적으로나 개인적으로나 매우 중요한 과제다.

누구나 가능한 한 오래, 건강하게, 존엄성을 지키며 살기를 바라겠지만, 신체건강은 물론이고 정신건강도 본인의 의지와 반드시 비례하지만은 않는다. 신체적 노화는 필연적으로 기능적인 쇠퇴와 외부적인 영향에 대한 방어력의 저하를 가져온다. 적절한 운동과 규칙적인 생활 습관, 그리고 균형 잡힌 식생활을 통하여 어느 정도 예방하거나 지연할 수 있다고 하더라도 결국 노쇠를 완전히 피할 수는 없다. 따라서 초고령사회에서 노년기 건강과 돌봄의 문제는 사회적으로나 개인적으로도 중요한 과제다.

이에 노인의학이나 노인간호학, 심지어 최근에는 노년사회학 분야에서도 노년기 건강에 대한 관심이 커지고 있다. 건강은 삶의 질에서 가장 중요한 요소로서 건강을 유지하는 노화 즉 '건강 노화(healthy ageing)'야말로 모든 이들이 소망하는 노화의 모습일 것이다. 건강한 노화란, 노화에 반하는 개념이 아니라 각 노화 단계에서 최선의 건강이 확보된 상태에서 나이 들어 가는 것을 의미한다. 건강한 노화란 노년기에 웰빙을 누릴 수 있는 기능적 능력을 개발하고 유지하는 과정을 말한다(오영호 외, 2021). 건강한 노화를 위하여 초기 단계에서는 만성질환을 예방하고 조기 진단 및 통제가 가능하도록 하는 적절한 보건 서비스 제공이 중요하다. 또 노쇠나 활동 제한이 진행되기 시작하는 다음 단계에서는 잔존 기능을 강화하고 관리하는 재가 서비스가, 장애의 정도가 심화됨에 따라 본격적인 장기 요양 서비스를 통하여 존엄한 노년과 죽음을 맞이할 수 있도록 하는 정책이 필요하다.

건강 노화에서 가장 중요한 개념은 '노쇠(frailty)'다. 노쇠란 '노인이 내적, 외적인 스트레스에 취약한 경우이며, 반복적인 입원 치료 등이 필요한 정도로 악화될 가능성이 높은 상태'를 말한다(Cesari, 2012; 김남순 외, 2018에서 재인용). 노쇠의 대표적인 특징으로는 허약, 신체적 반응이 느려짐, 신체 활동 부족, 소진(지구력 부족), 체중 감소 등이 있다. 그런데 노쇠는 불가역적인 변화가 아니라 예방 가능하고 가역적이며 회복이 가능하다(reversibility)는 특징이 있다. 따라서 최근 노년학의 관심은 지역사회에서 노쇠를 어떻게 효과적이고 효율적으로 관리할 것인가에 집중되고 있다.

김남순 외(2018)의 연구에서는 지역사회에 거주하는 65~84세 노인을 대상으로 노쇠와 건강 수준, 의료 이용 및 지역사회 돌봄 서비스 이용 경험 등을 조사했다. 그 결과, 지역사회 노인들은 남성보다 여성이, 연령이 높을수록, 독거 가구이거나 배우자가 없을수록, 소득 수준이 낮을수록 노쇠 단계에 있는 비율이 높게 나타났다. 또 노쇠 단계에 따른 노인의 건강 상태와 건강 행태 분석 결과, 노쇠한 노인일수록 자신의 건강 상태가 좋지 않다고 인식하는 비율이 높았고, 노쇠한 노인일수록 일주일 1회 이상 규칙적인 운동을 실천하지 않는 비율과 근력 운동을 전혀 하지 않는 비율이 높았다. 노쇠 단계의 노인들은 식이 습관에서도 고기, 생선, 계란, 콩 등의 반찬을 매일 먹는 비율과 신선한 제철 과일을 매일 먹는 비율이 낮았고, 우울 경계 혹은 우울증 의심 단계에 속하는 비율도 높았다. 노쇠 단계에 속한 노인일수록 지난 1년간 응급실 이용 경험과 입원 경험 비율이 높았고, 건강검진을 받은 비율은 낮았다. 노쇠 단계에 속한 노인들은 물리치료와 재활, 방문간호와 간병, 가사 지원 서비스와 급식 지원 서비스 등 지역사회 노인돌봄 서비스를 더 많이 이용하는 것으로 나타났다.

노년기 건강 문제는 성인기 등 이전의 건강과는 차이점이 있다. 노년기에는 여러 가지 질환이 동시에 공존하고 또 고령이 될수록 더 많은 질환을 동시에 경험하게 된다. 예를 들어 고혈압과 당뇨, 골다공증, 관절염 등을 동시에 앓는 경우가 많다. 따라서 노년기 건강을 다루는 데서 특별한 관리가 요구된다. 노인의 건강한 삶을 위해서는 지역사회의 보건 사업에도 노쇠 관리가 반영되어야 하며, 노인의 신체적 특성을 반영한 치료 서비스로의 전환이 필요하다. 인구 고령화에 따른 만성질환자 증가는 의료 이용량의 증대와 의료비 지출의 증대를 초래한다(오영호 외, 2021). 노년기에는 각종 만성질환 및 퇴행성 질환이 증가하고 신체 기능의 저하 및 건강의 악화로 인한 삶의 질 저하도 우려된다. 특히 삶의 질에 영향을 미치는 중요한 요소 중 하나인 일상생활 능력이 감소함으로써 타인의 도움이 없이는 일상생활조차 어려워짐에 따라 삶의 독립성이 훼손되고 의존성이 증가한다. 노년기 건강 악화는 노인 개인의 삶의 질뿐 아니라 사회 전체의 삶의 질에도 부정적인 영향을 미친다. 노인의 건강 악화는 노인의 경제적 활동을 제한하고 의료비 지출을 증가시켜 노년기 빈곤에 영향을 미치며, 사회활동을 제한하고 가족의 돌봄 부담을 가중해 가족관계에도 부정적인 영향을 미친다.

기대수명이 증가하고 만성질환이 사망 원인의 대부분을 차지하게 되면서 과거보다 오래 살게 되었지만 그에 비례하여 질병이나 장애를 가지고 살아가야 하는 기간도 늘어나게 되었다. 감염병이 주요 사망 원인이었던 과거에는 조기 사망이 보건의료의 중요 관심사였지만 만성질환이 주요 사망 원인이 된 오늘날에는 살아 있는 기간 동안 가능한 한 오래 건강을 유지하고 삶의 질을 유지하는 것이 중요한 과제가 되었다. 이에 따라 관심을 받는 이슈는 '건강수명의 연장'이다. 건강수명은 '평균수명 중 질병 없이 정상 생활이 가능한 기간'(보건복지부, 2010)으로 '평균수명에서 질병이나 부상으로 활동하지 못한 기간을 뺀 기간'으로 정의된다(한국건강증진

개발원, 2022). 건강수명은 사망과 상병을 동시에 나타내는 개념이며, 사망에 의한 기대여명과 삶의 질을 합친 개념이라고 할 수 있다(오영호 외, 2021).

건강수명과 관련된 주요 연구 주제로는 첫째, 건강 행태를 들 수 있다. 건강 행태란 건강을 결정하는 요인이 되는 개인의 생활 습관을 말하는데, 흡연 여부, 신체활동, 식습관 등을 들 수 있다. 건강 행태는 만성질환의 주요 위험 요인으로서 불건강 행태는 만성질환을 통해 조기 사망이나 장애를 유발하여 건강수명에도 영향을 미칠 수 있다. 둘째는 질병 및 손상이다. 고혈압과 당뇨는 노년기 건강을 위협하는 대표적인 만성질환이며, 각종 합병증을 일으켜 삶의 질을 떨어뜨린다. 셋째는 활동 제한 및 장애다. 활동 제한과 장애는 노화와 질병 및 손상의 직접적인 결과로 보건의료 및 복지 서비스의 지속적인 수요를 발생시킨다. 넷째, 건강과 관련된 사회적 결정 요인들(social determinants of health)이다. 이는 건강에 영향을 미치는 비의료적 요인으로서(WHO, 2021) 소득, 교육, 실업 및 고용, 근로조건, 주거 등이 포함된다. 이들 건강의 사회적 결정 요인은 건강형평성에 영향을 미쳐, 사회경제적으로 낮은 지위에 있는 개인, 집단, 국가는 그렇지 않은 개인, 집단, 국가에 비해 건강 수준이 더 열악하다. 모든 국민은 건강을 포함한 행복을 추구할 권리를 갖고 있고, 국가는

**그림 4-1** 치매 노인 수 및 치매 유병률 추이

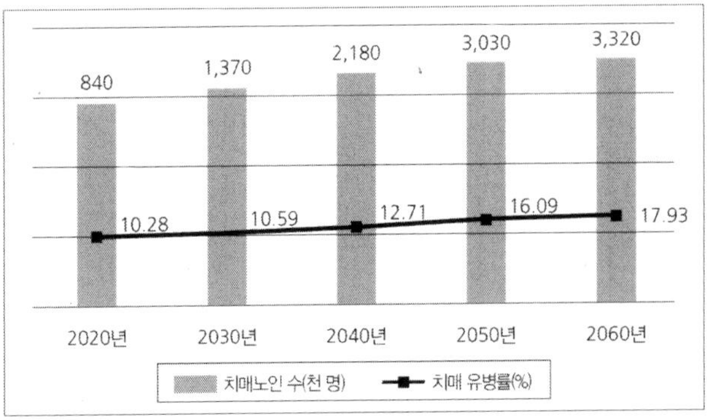


출처: 중앙치매센터(2019), 『대한민국 치매현황 2019』로부터 재구성.

국민의 건강을 보호할 의무가 있다. 수명이 길어질수록 건강수명뿐 아니라 사회 전체의 건강형평성 세고를 위한 과제가 중요하게 대두될 것이다.

한편, 사람들이 자신의 노후를 상정할 때 가장 걱정스럽게 생각하는 부분은 신체적 건강 외에도 정신적 건강, 그중에서도 치매에 대한 두려움일 것이다. 치매는 인지기능 저하로 인해 생활기능의 저하가 생기는 질환으로, 급격한 인구 고령화의 결과로 환자 수가 급증하고 있다. 전 세계적으로는 3초에 한 명, 우리나라에서는 12분에 한 명씩(중앙치매센터, 2019) 새로운 치매 환자가 발생하고 있다. 우리나라 65세 이

상 노인의 치매 유병률은 10%를 상회하고 있으며, 그림 4-1에서 보는 것과 같이 인구 고령화에 따라 치매 유병률도 상승하여 2050년에는 16%를 상회하고 2060년에는 거의 18%에 육박할 것으로 예측된다(이동우 · 성수정, 2018; 중앙치매센터, 2019).

이에 정부에서도 치매 관리에 적극적으로 나서고 있는데, 2017년 치매로 인한 고통과 부담을 정부가 책임지는 '치매국가책임제'를 발표했다. 치매국가책임제의 핵심은 2017년부터 전국 256개의 보건소에 치매안심센터와 치매안심병원을 확충하고, 2018년부터 중증치매 환자 본인 부담을 낮추고, 고비용 진단검사를 급여화하고, 장기 요양 치매 수급자 본인 부담을 줄이는 데 있다.

치매는 심장병, 암, 뇌졸중과 함께 우리나라 국민의 4대 주요 사망 원인 중 하나다. 그러나 가정에서 치매 환자를 돌보는 것은 기한 없는 치료와 간병으로 인해 가족들의 신체적 · 심리적 · 경제적 고통을 가중해 가족 갈등을 넘어 가족 해체까지 불러올 수 있다. 돌봄 부담으로 인한 실직, 정서적 고립, 경제적 부담 등은 막대한 사회적 비용을 초래한다. 이미 2008년부터 정부에서는 3차에 걸쳐 국가치매관리종합계획을 수립하여 치매 정책을 펼쳐 왔다. 또 2012년에는 치매의 예방과 치매 환자에 대한 보호 · 지원 및 치매에 관한 조사, 연구 등에 관한 「치매관리법」을 제정했고, 2014년에는 치매검사의 제공 및 장기요양보험 5등급(치매특별등급)을, 2018년에는 인지지원등급을 신설하는 등 치매에 대한 기본 지원 체계를 갖추었다. 그동안의 등급 판정은 신체 기능을 중심으로 이루어졌기 때문에, 신체 기능이 양호한 경증 치매 노인의 경우에는 등급을 받을 수 없었다. 신체 기능과 무관하게 치매 노인에 대해 인지지원등급을 부여함으로써 인지 기능 개선 프로그램 제공을 통하여 치매 증상의 악화를 지연하기 위함이다. 그러나 여전히 관리의 사각지대가 존재하고 있으며, 치매 노인의 부양자 및 가족의 실질적인 부담을 덜기에는 불충분한 측면이 있다.

## 참고문헌

김남순 · 전진아 · 송은솔 · 차미란 · 김창오 · 김광준 · 백상숙 · 이지연 · 김창오 · 박연진 · 정윤희 · 김태환 · 박윤정(2018). 『건강노화를 위한 노인 친화적 보건의료서비스 제공 방안』. 한국보건사회연구원.

보건복지부(2010). 국민건강증진종합계획 Health Plan 2010. 보건복지부.

오영호 · 김윤 · 공현중 · 이희영 · 박은자 · 정연 · 강은정 · 김도훈 · 이화영 · 신상도 · 이선영 · 이사람 · 강혜리 · 곽우성 · 안선희(2021). 『건강수명 100세 대비를 위한 정책연구』. 한국보건사회연구원.

이동우 · 성수정(2018). 대한민국 국가치매관리종합계획: 1차에서 3차까지. ≪대한의사협회지≫, 61권 5호, 298~303.

중앙치매센터(2019). 『대한민국 치매현황 2019』. 보건복지부 · 중앙치매센터.

한국건강증진개발원(2022). 『제5차 국민건강증진종합계획(Health Plan 2030, 2021~2030)』. 한국건강증진개발원.

WHO Social determinants of health. Accessed April 12, 2021. https://www.who.int/health-topics/social-determinants-of-health#tab=tab_1(2023.02.01. 인출)

# 05

## 100세 시대 이슈 4: 지역사회 돌봄과 지역사회 계속거주

긴 노후를 누구와 어디에서 보낼 것인가? 대부분은 자신에게 익숙한 집이나 지역사회에서 친숙했던 이웃들과 지속적으로 교류하면서 독립적이고 자율적으로 생활하는, 즉 '지역사회 계속거주(Aging In Place)'를 희망한다. 이를 위해서는 주거 환경, 이웃 환경, 지역사회 환경 등이 조화롭게 갖추어져야 하며, 지역사회 돌봄을 통하여 자신의 집이나 집과 가장 유사한 곳에서 필요한 돌봄과 관련 서비스를 제공받을 수 있어야 한다.

일생이 길어지면서 우리에게 남겨진 또 다른 고민은 긴 노후를 누구와 어디에서 보낼 것인가다. 어떤 사람들은 농촌이나 산촌으로 내려가 자연과 하나 되어 편안한 노후를 보내는 꿈을 꾸고 있을지도 모르지만, 더 많은 이들이 자신이 현재 살고 있는 익숙한 동네에서 죽을 때까지 가능한 한 독립적으로 살기를 희망할 것이다. 이와 같이 노후에도 자신이 살던 집이나 지역사회에서 독립적으로 사는 것, 즉 '지역사회 계속거주(Aging In Place, AIP)'는 최근 노년학의 중요한 이슈로 떠오르고 있다.

AIP는 여생을 자신에게 익숙한 집이나 지역사회에서 친숙했던 이웃들과 지속적으로 교류하면서 독립적이고 자율적으로 생활하는 것을 의미하며, 노년기 삶의 질과 관련된 중요한 개념이다. 한편 나이가 들어 가면서 건강의 악화, 수입의 감소, 배우자의 상실 등 노년기 삶의 변화로 인하여 외부의 도움이 필요해짐에도 현재의 거주지에서 지속적으로 살아갈 수 있는 상태를 유지하는 것이기 때문에, 노년기 변화로 인한 장애를 극복하고 계속 거주해 나가는 것을 의미하기도 한다(Greenfield, 2012).

AIP를 실현하기 위해서는 몇 가지 전제 조건이 필요하다. AIP는 특히 노년기 삶의 만족과 관련된 다양한 요인들 중에서도 개인의 심리적 차원을 제외한 제반 환경의 구성에 초점을 맞춘다(장희안 외, 2022). 이에 장희안 외(2022)는 AIP와 관련된 노년기 삶의 만족과 복지에 영향을 미치는 환경을 크게 주거 환경, 이웃 환경, 지역사회 환경 세 가지로 분류했다.

첫째, 주거 환경(home environment)은 집의 의미와 주거의 물리적 환경으로 구성된다. 집은 인간의 실제 생활의 장으로서 개인의 삶의 근거지이자 사회생활의 토대가 된다. 식스스미스(Sixsmith, 1986)는 집의 의미를 물리적 의미, 사회적 의미, 개인적 의미 등 세 가지로 요약했다. 물리적 의미의 집이란 집안의 공간과 시설, 일상적으로 사용하는 가정의 편의 용품들, 집의 외형적인 건축 양식 등을 말하고, 사회적 의미의 집은 그 안에서 가족 등 다른 사람들과 관계를 맺을 수 있는 공간으로서의 의미를, 개인적 의미의 집은 자아, 욕구, 느낌, 희망, 행동 등을 표현하는 매개로서의 집을 의미한다(Sixsmith, 1986). 집은 누구에게나 중요한 의미가 있지만 특히 노인들의 경우에는 신체적인 노화로 인하며 집 안에 머무르는 시간이 길고 안전한 물리적 환경이 중요하기 때문에 노인의 일상생활에서 주거의 물리적 환경이 미치는 영향은 매우 클 수밖에 없다(최순희 외, 2018).

둘째, 이웃 환경(neighborhood environment)은 집 주변의 물리적 환경과 이웃과의 관계 등으로 구성된다. 직업에서 물러난 노인들의 일상생활 대부분은 지역사회 안에서 이루어질 뿐 아니라 일이나 학업 등에 소요되는 의무 시간은 감소하는 대신 여가 시간이 늘어나기 때문에 주로 지역사회에서 이웃과 보내는 여가활동을 통해 노년기 삶의 만족을 얻는다(장희안 외, 2022). 그런 의미에서 노인들에게 좋은 이웃 환경의 조건 중 하나는 노인들이 집 안에서 보내는 시간 이외에도 집 밖에서 안전하고 자유롭게 활동할 수 있도록 집 주변의 야외 공간, 보도 및 도로, 건물 등 물리적 환경이 고령친화적으로 구성되어 있어야 한다. 이와 같은 물리적 환경뿐 아니라 이웃 간 유대감은 중요한 사회적 지지의 원천으로, 사회적 지지는 개인으로 하여금 스트레스에 더 잘 대처할 수 있게 돕고, 좌절을 극복하고 문제 해결 능력을 키워 주며(Cobb, 1976), 삶의 질을 향상시키고 건강에도 도움을 줌으로써(배윤조, 2017) 궁극적으로 개인의 삶의 질을 향상시켜 준다. 사회적 지지는 개인의 심리적, 정신적 건강의 회복과 유지, 사회적 기능과 적응에 필수적 요소로서 사회관계가 축소되는 노년기 삶에서 이웃은 가족 외에 중요한 사회적 지지의 원천이라 할 수 있다.

셋째, 지역사회 환경(community environment)은 공동체의식, 사회참여, 복지 서비스, 노인에 대한 사회적 인식 등으로 구성된다. 먼저 지역사회 공동체의식은 일정한 공간 안에서 신뢰와 유대감을 가지고 상호작용하는 주민 집단의 단위가 지역 공동체라는 점에서 매우 중요하다(김찬동 · 서윤정, 2012). 지역 공동체의 구성 요소는 다양한데, 소속감, 연대 의식, 정서적 친밀감 등으로 요약해 볼 수 있다(성희자 · 전보경, 2006; Provencher, Keating, & Warburton, 2014). 다음으로 노년기 사회참여는 노인들이 사회나 지역사회에서 다른 사람들과 상호작용할 수 있는 활동에 참여하는 것(Levasseur et al., 2010)으로, 경제활동이나 공식적인 단체활동 등의 공식적 사회활동과 친구, 가족 및 친족 관계망, 종교활동, 자원봉사, 친목 모임 등의 비공식적 사회적 상호작용이 포함된다(Anderson, 1983). 사회참여는 노인들로 하여금 새로운 역할을 수행하게 함으로써 신체적 · 정신적 건강에 긍정적으로 작용할 뿐 아니라(김수현, 2013; 민주홍, 2013), 지역사회 소속감과 연대 의식 증대에도 도움이 된다(이소정, 2013; 함철호 · 오혜연, 2010). 다음, 지역사회의 노인복지 서비스는 신체적 · 사회적 · 심리적 노화로 인한 상실을 보완하고 노년기의 다양한 욕구를 충족할 수 있도록 돕는다(장희안 외, 2022). 노년기 소득, 의료, 돌봄, 주거, 여가, 교육, 사회참여 등 다양한 복지 욕구를 위한 서비스에 지역사회에서 얼마나 손쉽게 접근하여 이용할 수 있는가는 노년기 삶의 질에 직결된다. 마지막으로 지역사회가 노인에 대한 갖는 인식과 태도 역시 노년기 삶에 중요한 환경적 요소가 된다(장희안 외, 2022). 노인에 대한 사회적 인식과 태도는 노인에 대한 편견, 즉 '연령주의(ageism)'나 세대갈등과도 관련된다. 특히 역사상 동시대에 가장 많은 세대가 공존하는 100세 시대에는 세대 상호 간 대립과 갈등을 넘어 이해와 협력을 통하여 서로 정상적이며 안정적인 관계를 맺고 더불어 조화로운 삶을 살아가는 사회통합(social integration)이 매우 중요하다(강현정, 2012).

지역사회에서 노후까지 계속 거주하는 데 중요한 전제 조건 중 하나는 지역사회 안에서 안전하게 보호받을 수 있어야 한다는 것이다. 이에 최근 지역사회 돌봄, 즉 커뮤니티 케어(community care)가 보건의료 및 복지 영역에서 중요한 화두로 등장하고 있다. 커뮤니티 케어란 한 마디로 노인, 장애인, 정신질환자 등 대상자가 병원이나 요양 시설 혹은 양로원에 입소하지 않고 자신이 살던 집과 지역사회에서 최대한 오래 살 수 있도록 하는 여건을 조성하는 것이다. 정부에서는 2018년 11월 '지역사회 통합 돌봄 기본계획'을 발표하고, 2019년 6월부터 2년간 16개 시군구에서 지역 자율형 통합 돌봄 모형을 만들기 위해 선도 사업을 시작으로 이후 본격적인 지역사회 통합 돌봄 정책을 추진하고 있다.

커뮤니티 케어의 궁극적인 목적은 노인이 자신의 집이나 집과 가장 유사한 곳에서 필요한 돌봄과 관련 서비스를 제공받음으로써 삶의 질을 영위하고 편안하게 생활할 수 있도록 하는 데 있다. 그 출발점은 병원과 시설의 구조적인 폐쇄성으로 인해 대상자에 대한 학대와 과잉 의료 행위 등이 발생하면서 인권 침해 문제가 끊이지 않았고, 자립적인 삶을 요구하는 장애인 단체들이 시설을 벗어나서 자유롭고 독립적인 삶을 살아갈 수 있는 여건을 만들어 줄 것을 강력히 요구한 노력의 결과였다. 우리나라에서 커뮤니티 케어가 도입된 배경은 향후 급증할 고령인구를 비롯해서 장애인과 정신장애인 등에게 시설 중심의 서비스 제공으로는 재정 부담을 감당할 수 없다고 하는 판단이 자리한다.

전용호(2019)에 따르면, 여러 대상 중 가장 먼저 추진된 노인을 위한 커뮤니티 케어 정책의 핵심 내용은 크게 네 가지로 요약될 수 있다.

첫째, 노인을 위한 주거 대책을 확대해서 노인의 돌봄을 수행하는 인력이 있는 케어안심주택을 확충하고, 집 수리 사업을 통해서 낙상 예방 등 노인의 주택 내 거주의 안정성을 도모한다.

둘째, 재가에서 이용할 수 있는 의료와 간호 서비스를 확대하고 병원에서 퇴원한 환자가 지역사회에서 적절한 돌봄을 받도록 안내 및 연계하는 '지역 연계실'을 병원에 설치하도록 유도한다.

셋째, 장기간 요양이 필요한 노인을 위해서 노인장기요양보험을 이용할 수 있는 대상자를 확대하고, 집에서 이용할 수 있는 식사 배달 등 신규 재가 서비스를 확충한다. 아울러, 노인이 퇴원한 후에 지역사회에서 거주할 수 있도록 회복 및 재활 서비스를 개발한다.

넷째, 노인이 지역사회에서 쉽게 돌봄 서비스와 관련된 안내를 받도록 각 읍면동에 인력을 추가로 배치해서 케어 안내 창구를 설치하고, 돌봄과 관련된 정보 안내와 단순한 서비스의 연계를 추진한다. 아울러, 읍면동에서 해결할 수 없는 복합적인 욕구를 가진 노인을 위해서 시군구에 지역 케어 회의를 설치해서 체계적인 관리를 실행한다.

전용호(2019)는 커뮤니티 케어가 정부의 국정과제로 추진되는 것은 한국 복지국가의 역사를 고려할 때 환영할 만한 일이라고 지적하면서, 일부 우려되는 지점이 있지만 커뮤니티 케어가 중장기적으로 나아가야 할 방향이라는 점은 부인하기 어렵다고 했다. 그러면서 커뮤니티 케어 성공의 원칙으로 다음 사항들을 제시했다.

첫째, '이용자 중심성' 입장에서 커뮤니티 케어를 바라보고 적극적인 개선을 도모해야 한다. 당사자인 노인과 그 가족이 커뮤니티 케어에서 필요로 하는 것은 무엇인지 귀 기울이고, 정책의 의사결정 과정에 참여시키고, 노인의 복합적인 욕구를 충족할 수 있는 서비스 제공을 위한 시스템을 구축 및 개선하는 방식으로 이용자 중심성을 강화해야 한다.

둘째, '포괄성'의 원칙이다. 포괄성은 노인의 다양한 욕구를 충족시킬 수 있는 다양한 서비스가 제공되어야 함을 의미하는데, 우리나라는 아직 보건의료 서비스를 제외한 사회적 돌봄이 요양보호사를 통한 가사 수발과 신체 수발 중심으로 매우 제한적이다. 이런 점에서 재활, 재가 간호 서비스, 케어안심주택, 공공후견, 권익 보장 등의 새로운 서비스가 포함된 것은 긍정적이라 할 수 있다. 이에 서비스 제공의 포괄성이 현실화되기 위해서는 무엇보다도 사례관리자의 역할이 중요하며, 노인의 질환과 일상생활의 수행 능력에 대한 전문적인 사정 능력으로 개인별로 '맞춤형 서비스'를 제공할 수 있어야 한다.

셋째, '통합성'의 원칙이 실현되어야 한다. 통합성은 노인이 기관이나 인력을 최소한으로 거치고 서비스를 한꺼번에 이용하는 것을 의미하는 것으로, 노인들의 욕구는 복합적이므로 다양한 서비스를 이용하는 데서 중복적인 절차를 최소화하여 이용에 불편함이 개선되어야 한다. 이를 위해서는 전달 체계가 통합적으로 구축되어야 하고 기관 간 서비스의 조정과 연계가 원활하게 이뤄져야 한다.

노인을 대상으로 한 지역사회 통합돌봄은 '노인맞춤돌봄

서비스'를 통해 구체화되고 있다. 노인맞춤돌봄 서비스란 혼자 힘으로 일상생활을 하기 어려운 노인과 독거노인에게 안전 확인, 생활교육, 서비스 연계, 가사 지원, 활동 지원 등 맞춤형 복지를 제공하는 서비스다. 노인맞춤돌봄 서비스는 기본 서비스와 특화 서비스로 구분되고, 다시 기본 서비스는 일상생활 영위가 어려운 취약노인에게 적절한 돌봄 서비스를 제공하여 안정적인 노후생활을 보장하고 노인의 기능, 건강 유지를 통한 기능 약화를 예방하는 서비스이고, 특화 서비스는 사회적 고립과 우울 위험이 큰 취약노인을 대상으로 맞춤형 사례관리 제공을 통해 고독사 및 자살을 예방하기 위한 서비스다.

노인맞춤돌봄 서비스의 구체적인 종류는 다음과 같다.[6] 첫째, 안전 지원 서비스는 이용자의 가장 기본적인 삶의 전반적인 안전 여부를 방문이나 전화 또는 ICT 기기를 통하여 확인하는 서비스로서, 이를 통하여 안전 및 안부 확인, 생활안전 점검, 정보 제공, 말벗 제공 등을 지원한다.

둘째, 사회참여 서비스는 관계망과 역할의 축소로 인한 사회적 분리감을 극복할 수 있도록 집단 프로그램 등을 통하여 사회적 관계성 및 참여의 기회를 지원하는 서비스다. 사

6) http://www.1661-2129.or.kr(2023.02.24. 인출)

회관계 향상 프로그램이나 자조 모임 등이 제공된다.

셋째, 생활교육 서비스는 신체건강 및 정신건강 분야의 다양한 생활교육 프로그램을 통하여 신체적, 정신적 기능을 유지 및 강화하는 데 목적이 있다.

넷째, 일상생활 지원 서비스는 이동 동행이나 식사 준비, 청소 등의 일상생활 지원의 필요 정도를 점검하여 필요한 서비스를 제공하는 것이다.

다섯째, 연계 서비스는 민간의 다양한 자원을 후원이나 자원봉사 등을 통하여 이용자에게 서비스를 연계하여 제공하는 것으로 생활 지원 연계, 주거 개선 연계, 건강 지원 연계 등을 지원한다.

끝으로 특화 서비스는 이용자의 특성에 따라 은둔형과 우울형으로 집단을 분류하여 개별상담, 정신건강 의학 및 진료 지원, 집단치료 상담이나 집단 프로그램, 자조 모임, 나들이 등의 집단활동 지원, 그리고 지역사회 자원 연계 등의 서비스를 제공한다.

## 참고문헌

강현정(2012). 베이비붐 세대의 사회활동참여 여부가 사회통합감에 미치는 영향. ≪노인복지연구≫, 57호, 429~448.

김수현(2013). 노인의 자원봉사 참여가 신체적 건강, 우울, 사회적지지 및 삶의 의미에 미치는 영향. ≪한국노년학≫, 33권 1호, 53~60.

김찬동 · 서윤정(2012). 『마을공동체 복원을 통한 주민자치 실현방안』. 서울시정개발연구원.

민주홍(2013). 한국 노인의 사회참여가 주관적 건강 및 건강 변화에 미치는 영향에 대한 종단연구. ≪보건사회연구, 33(4), 105~123.

배윤조(2017). 지역사회 노인의 사회적지지, 사회참여와 신체기능과의 관계. ≪한국산학기술학회 논문지≫, 18권 4호, 380~390.

성희자 · 전보경(2006). 농촌지역 주민의 공동체의식에 관한 연구. ≪사회복지정책≫, 27호, 153~155.

이소정(2013). 노인일자리사업 참여가 노인의 사회관계에 미치는 효과 분석. ≪노인복지연구≫, 59호, 331~354.

장희안 · 한정란 · 구본혜 · 김정순(2022). Q방법론을 활용한 Aging in Place 선호 유형 분석. ≪노년교육연구≫, 8권 1호, 21~38.

전용호(2019). 지역사회 통합 돌봄 커뮤니티 케어의 도입과 향후 과제. ≪현안과정책≫, 267호, https://www.good21.n

et/issuepaper/?bmode=view&idx=1871487

최순희 · 윤현숙 · 김영범 · 임연옥(2018). 노인의 주거환경이 삶의 만족에 미치는 영향. ≪노인복지연구≫, 73권 1호, 111~132.

함철호 · 오혜연(2010). 노인일자리사업 참여가 참여자의 사회적 관계에 미치는 영향. ≪노인복지연구≫, 48호, 229~250.

Anderson, T. B.(1983). Widowhood as a life transition: Its impact on kinship ties. *Journal of Marriage and the Family*, 46, 105~114.

Cobb, S.(1976). Social Support as a Moderator of Life Stress. *Psychosomatic Medicine, 38*(50), 300~313.

Greenfield, E. A.(2012). Using ecological frameworks to advance a field of research, practice and policy on aging-in-place initiatives. *The Gerontologist, 52*(1), 1~12.

Levasseur, M. L., Richard. L. Gauvin., & E. Raymond.(2010). Inventory and analysis of definitions of social participation found in the aging literature: Proposed taxonomy of social activities. *Social science and medicine, 71*(12), 2141~2149.

Provencher, C., Keating, N., & Warburton, J.(2014). Ageing and community: Introduction to the Special Issue. *Journal of Community & Applied Psychology*, 24, 1~11.

Sixsmith, J. A.(1986). The meaning of home: An exploratory

study in environmental experience. *Journal of Environmental Psychology,* 6, 281～298.

## 06

# 100세 시대 이슈 5: 4차 산업혁명과 제론테크놀로지

초연결, 초지능, 초융합으로 대표되는 4차 산업혁명은 노년의 삶 또한 크게 변화시킬 것으로 예상된다. 이에 따라 새롭게 각광받는 분야가 노인이 건강하고 안전하고 편리하고 독립적으로 생활할 수 있도록 돕는 기술인 '제론테크놀로지'다. 아직은 그 연구나 산업 성장 속도가 더디지만, 출산율과 생산인구 감소 등 사회적 위기와 베이비붐 세대 노화로 인한 노년층의 구매력 향상과 기술 수용성 증가 등 노년층 내부의 변화는 제론테크놀로지의 성장 가능성을 시사한다.

통계청(2023)에 따르면, 2023년 사망자 수가 가장 많은 연령, 즉 최빈사망연령은 남성 86세, 여성 90세였던 것으로 나타났다. 또한 2025년 2월 기준으로 85세 이상의 고령인구는 111만 6624명(남성 33만 4739명, 여성 78만 1885명)이며, 100세 이상 고령인구도 8641명(남성 1529명, 여성 7112명)에 달한다(행정안전부, 2025). 바야흐로 잘만 관리하면 누구든 90세까지는 살 수 있고 100세 이상도 바라볼 수 있는, 이른바 '100세 시대'에 도달한 것이다.

인간의 수명이 점점 길어지는 동시에, 사회는 훨씬 더 가파르게 변화하고 있다. 1784년 증기기관과 기계화로 대표되는 1차 산업혁명이 영국에서 시작되었고, 그로부터 약 한 세기가 지난 1870년 전기와 전동기의 발명을 통해 자동차와 중화학, 철강 등의 중공업이 중심이 되는 대량 생산이 본격화된 2차 산업혁명 시대가 도래했다. 그리고 또다시 약 한 세기 후인 1969년 인터넷이 이끈 컴퓨터 정보화 및 자동화 생산 시스템이 주도한 3차 산업혁명을 통해 정보화와 글로벌 경제로의 변화가 시작되었다. 이와 같이 거의 한 세기를 거쳐 진행되었던 사회 패러다임의 변화 주기는 이제 그 절반으로 단축되어 2016년 다보스 포럼(Davos Forum)에서 클라우스 슈바프(Klaus Schwab) 의장은 '초연결', '초지능', '초융합'으로 대표되는 4차 산업혁명을 선언했다.[7)] 그리고 그 후로 실제로 인공지능(AI), 사물인터넷(IoT), 로봇 기술, 드론, 자율주행차, 가상현실(VR) 등이 주도하는 4차 산업혁명이 빠르게 우리 삶 속으로 들어오고 있다.

일반적으로 이와 같은 4차 산업혁명과 같은 기술 발전과 그로 인한 사회 변화는 고령인구와는 거리가 먼 현상으로 오해하기 쉽다. 그러나 인구 고령화는 이미 시작된, 그리고 미래까지도 지속될 중요한 메가트렌드(mega-trend)이고, 4차 산업혁명 또한 이미 우리 옆에 와 있다. 따라서 인구 고령화 속에 4차 산업혁명의 변화를 연계시키는 데 성공하지 못한다면, 우리 미래에는 희망이 사라질지도 모른다. 이에 새롭게 각광을 받는 분야가 바로 '고령친화기술', '에이지 테크놀로지(age-technology)', '에이징 테크놀로지(aging-techchnology)', '제론테크놀로지(gerontechchnology)' 등으로 불리는 분야다. 대부분이 최근의 사회 변화에 따라 만들어진 합성어들인데, 에이지 테크놀로지나 에이징 테크놀로지는 연령 혹은 고령을 의미하는 '에이지(age)' 또는 노화를 의미하는 '에이징(aging)'과 기술을 의미하는 '테크놀로지(technology)'를 합성한 용어이고, 제론테크놀로지는 노인을 의미하는 '제론

7) https://terms.naver.com/entry.naver?docId=3377297&cid=43667&categoryId=43667(2022.07.18. 인출)

(geron)'과 기술을 의미하는 '테크놀로지(technology)'를 합성한 용어다. 이들은 모두 한마디로 노인이 건강하고 안전하고 편리하고 독립적으로 생활할 수 있도록 돕는 기술 또는 노인을 위한 돌봄, 안전, 삶의 질 향상 등을 위하여 노인에게 적합하도록 적용된 기술을 가리킨다.

제론테크놀로지는 1989년 흐라프만스(Jan Graafmans)과 브라우에르스(Tonny Brouwers)가 처음으로 노년층의 문제를 해결하기 위해서 기술 분야와 협력할 것을 주장하면서 확산되기 시작했다(Graafmans & Brouwers, 1989). 제론테크놀로지의 관심은 노인들이 독립적으로 생활하고 사회에 지속적으로 참여할 수 있도록 건강, 주거, 이동, 여가, 관계 등 다양한 영역에서 예방적이고 보완적인 기술과 제품을 연구 · 개발하는 것이다. 그중에서도 특히 사물인터넷(IoT) 분야는 급속히 성장해 나가고 있는데, 이미 우리나라에서도 돌봄 로봇, 실시간 동작 감지를 통한 위급 상황 탐지, 원격진료 등 다양한 서비스에 접목되어 노인 세대의 고립을 예방하고 일상생활을 돕는 데 활용되고 있다.

그러나 전반적으로는 우리나라에서 제론테크놀로지 및 에이지테크 분야의 연구와 산업화 성장 속도는 아직 더딘 편이다. OECD 최고의 노인빈곤율이 말해 주듯이 아직 노년층의 구매력이 부족할 뿐 아니라 노인 세대에 대한 정부의 지원 또한 아직은 기본적인 생활과 관련된 소득이나 직접적인 돌봄 서비스에 대한 지원에 머물고 있을 뿐 기술과 접목한 지원까지 확대되지 못하고 있기 때문이다. 따라서 수익성이 떨어지는 고령친화기술이나 고령친화산업 분야에 대한 기업 등 민간의 관심이 아직 확대되지 못하고 있는 형편이다. "우리나라 경제의 새로운 활력이 필요한 시점에서 고령친화기술과 고령친화산업이 새로운 성장엔진으로 떠오르고 있다"(김영선, 2021)는 전망은 사실상 선언적인 전망에 불과할 뿐, 우리 산업에서 고령친화산업에 대한 투자는 제한적인 상황이다. 그럼에도 머지않은 미래에 제론테크놀로지의 성장 가능성이 크다는 사실만은 부인하기 어렵다. 우선 고령인구가 지속적으로 증가하고 있고 기대수명도 연장되고 있을 뿐 아니라, 베이비붐 세대의 노년기 진입으로 노년층의 구매력이 향상되고 기술 수용성이 증가하는 등 노년층 내부의 변화도 기대되기 때문이다.

한편, 출생률 저하 및 생산가능인력 감소와 같은 인구구조 변화에 따른 사회적 위기 또한 고령친화산업의 기회 요인으로 작용하고 있다. 노인 단독 세대 증가와 돌봄 인력 부족의 문제를 해결하기 위해서는 다양한 고령친화기술에 의지할 수밖에 없을 것이기 때문이다. 독립한 자녀를 대신해 노부모를 돌볼 로봇에 대한 수요는 점점 더 커질 것이며, 저출생으로 인한 미래 무자녀 노인의 증가는 그 수요를 더욱 부추길 것으로 전망된다. 출생아 수 감소 역시 생산가능인력 부족으로 인한 사회적 돌봄 공백을 앞당길 것이며, 노인돌봄 공백을 메우기 위하여 돌봄과 다양한 기술의 접목을 시도할 수밖에 없을 것이다.

이러한 전망에 따라 제4차 저출산 고령사회 기본계획(2021~2025년)에서도 고령친화산업과 고령친화기술이 강조되었다. 주요 내용으로는 기술 혁신을 통한 스마트 돌봄 체계로의 진화, 고령친화기업 지원 및 고령친화산업 육성 두 가지다. 우선, 기술 혁신을 통한 스마트 돌봄 체계로의 진화와 관련해서는 첫째, 주택 · 의료 서비스와 돌봄 기술 연계, 돌봄로봇 및 일상생활 보조기기 개발 · 보급 등 스마트 돌봄 기술 개발, 둘째, 고령친화식품 품목 · 심사 기준 마련 및 고령친화식품 개발 · 보급 활성화, 응급안전안심서비스의 고령자 생활정보 체계화 및 고령자 자립생활 지원기술 개발 등 자립생활 및 건강관리 제품 · 서비스 활성화의 내용을 담고 있다. 다음으로 고령친화기업 지원 및 고령친화산업 육성과 관련해서는 첫째, UN이 제시한 'Ageing 4.0'(4차 산업혁명 기술을 통해 고령자가 자립적으로 생활하며 실버이코노미의 주체로 발돋움하는 사회 비전) 실현을 위한 고령친화기술(AgeTech) R&D 관련 기본계획 수립, 고령화 대응 연구개발

기획 및 모니터링 · 통계 관리 · 산업육성 지원 등을 위한 고령친화기술 거버넌스['(가칭)고령친화기술혁신위원회'] 구성 등을 통한 고령화 대응 사람 중심의 기술 혁신 지원 체계 구축, 둘째, 고령친화산업 분류체계 재정립, 고령친화제품 · 서비스 표준화 로드맵 수립, 유니버설 디자인(universal design) 개발 지원 확대 및 제품 · 서비스 인식 확산, 고령친화제품 · 서비스 사용성 검증, 체험 기회 및 정보 제공 등을 통한 고령친화산업 육성 및 성장 기반 조성 등의 내용을 담고 있다(저출산 · 고령사회위원회, 2020).

최근 세계 경제의 방향도 고령친화산업의 발전에 긍정적으로 작용하고 있다. 세계적으로 경제의 질적인 성장과 인류의 지속가능성을 담보하기 위해 ESG(Environment-Social-Governance, 환경 · 사회 · 지배구조) 체제가 화두로 떠오르고 있다. 우리나라도 이와 같은 글로벌 추세에 발맞춰 ESG 관련 국제표준을 도입하는 한편, 국내 기준 개발에도 적극 나서고 있다. 그런데 기업의 ESG 경영과 밀접히 관련되는 것이 바로 기업의 새로운 고령친화산업 참여 및 제론테크놀로지 연구개발 투자 확대라 할 수 있다. 장기적인 관점에서 볼 때, 기업의 가치와 지속가능성에 영향을 주는 ESG에서 인구 고령화나 인구 감소 등 미래 인구 및 사회 변화는 필수적인 요인이기 때문이다. 그러나 정부의 시책이나 거시적인 사회의 움직임이 실제 우리의 일상으로까지 스며들기 위해서는, 즉 선언적인 수준이 실생활 속으로 들어오기 위해서는 구체적인 제품이나 서비스의 개발, 판매, 유통으로까지 확산되어야 할 것이며, 무엇보다도 실질적인 소비층인 노년층이 일상생활에 변화를 체감할 수 있도록 하기 위해서는 보다 생활과 밀접하고 고령친화적인 다양한 기술의 개발을 위한 연구가 활성화되어야 할 것이다.

## 참고문헌


김영선(2021.12.27). 새로운 성장엔진 고령친화기술. ≪중앙일보≫, 33면.

저출산 · 고령사회위원회(2020). 『제4차 저출산 · 고령사회 기본계획』. 저출산 · 고령사회위원회.

통계청(2023). 2023 생명표. 통계청.

행정안전부(2025). 주민등록인구현황(2025.02 기준). 행정안전부.

Graafmans, J. A. M., & Brouwers, T.(1989). Gerontechnology, the modeling of normal aging. *Proceedings of the Human Factors Society Annual Meeting, 33*(3), 187～189.

# 07

## 100세 시대 이슈 6: 연령주의와 노인 인권

연령주의는 연령을 이유로 개인의 기회를 박탈하거나 소외시키는 사회적 이념이나 행위로 주로 노인에 대한 차별을 의미한다. 연령주의는 집단의 고유한 특성을 근거로 하는 다른 차별들과 달리, 시간에 따라 변하는 유동적 특성인 연령을 근거로 하기 때문에 시간이 흐르면서 가해자와 피해자가 변화하며, 누구도 차별에서 자유로울 수 없다는 점에서 가장 심각하고 잔인한 차별이다. 연령주의는 노인의 사회적 배제, 노인 학대, 더 나아가 노인 인권 이슈와도 관련된다.

우리나라에서 에이지즘(Ageism)은 연령주의 또는 연령차별 등으로 번역·사용된다. 연령주의는 "연령에 따라 사람들에게 고정관념을 갖거나 차별하는 사상의 표현이나 과정"(고영복, 2000)을 말한다. 즉, 연령을 이유로 개인의 기회를 박탈하거나 소외시키는 사회적 이념이나 행위를 의미한다. 원래 연령주의는 연령의 많고 적음과 무관하게 연령이라는 개인이나 집단의 특성을 이유로 하는 차별적 이념이나 행위를 일컫는 광범위한 개념으로 사용되었으나, 최근에는 인구 고령화에 따라 노인들에 대한 차별을 가리키는 개념으로 주로 사용된다.

에이지즘이라는 용어는 1969년 미국의 정신의학자였던 버틀러(Robert N. Butler)에 의해 처음 제안되었다. 고령을 이유로 개인에 대한 고정관념과 차별의 태도를 체계적으로 형성시키는 연령주의는 다른 차별들과는 구분되는 중요한 특성이 있다. 인종차별, 성차별, 지역차별, 학력차별 등과 같은 차별들은 모두 피부색이나 인종, 성, 출신 지역, 학력 등 쉽게 변화하기 어려운 개인이나 집단의 고유한 특성을 근거로 차별이 이루어진다. 반면, 연령주의에서 차별의 근거로 삼는 연령은 개인이나 집단의 고유한 특성이 아니라, 시간에 따라 계속 변화하는 유동적인 특성이다. 따라서 연령주의에서는 시간이 흐름에 따라 차별의 가해자와 피해자가 변화할 뿐 아니라, 어느 누구도 차별에서 자유로울 수 없다는 점에서 가장 심각하고 잔인한 차별이라고 할 수 있다. 어릴 때는 어리다는 이유로 사회나 가정에서 여러 가지 권리 행사에 제한을 받는다. 그리고 나이가 들어 노인이 되면 정반대의 이유, 즉 나이가 많다는 이유로 취업이나 사회참여 등 여러 활동의 기회에서 배제된다. 즉, 연령에 따른 차별로 최소한 두 시기 이상에 걸쳐 피해자가 되는데, 특히 최근에는 기대수명의 연장으로 노년기의 차별 피해 기간이 점차 길어지고 있다(한정란, 2019).

연령주의는 개인적 차원뿐 아니라 사회적 차원에서도 광범위하게 이루어지고 있다. 노화를 정신적 퇴화 및 육체적 쇠약으로 직결시키는 사회적 규범은, 노인 개인의 유전자나 심지어 노력이나 능력과 무관하게 연령만을 이유로 노인을 노쇠한 집단 속에 분류해 넣고 그의 사회적 참여를 제한하고 소외시킨다. 이러한 연령차별 과정에서 노인의 개별성이나 다른 노인들과의 차별성은 중요하지 않다. 인생 후반부로 갈수록 연령이라는 특성이 갖는 무게는 점점 더 무거워져, 높은 연령이라는 특성은 그 개인이 가진 다른 모든 특성을 모두 덮어 버리며 이를 기반으로 모든 노인은 동일하게 인식되고 취급당한다.

사회 전반에 깊숙이 스며 있는 연령차별은 의학, 간호학,

사회복지학, 심리학 등 노인과 관련된 분야의 예비 전문가들에게 노인에 대한 기피 또는 노인에 대한 공포심을 갖게 만든다(Dillon & Goodman, 1980). 또 이들은 노인에 대한 부정적 태도를 갖고(임영신 · 김진선 · 김기순, 2002; Tan, Hawkins, & Ryan, 2001), 노년기를 슬프고 고통스러운 시기로 인지하며(Kane, 2004), 노인과 일하는 것을 어려워하거나 무서워하기도 한다(Ello, 2007). 기존에 노인 관련 분야에서 일하고 있는 전문가들 역시도 이러한 연령주의적 태도로부터 자유롭지 못하다(Schuldberg, 2005). 노인 환자는 모두 우울하고 완고하다고 생각하고(McCrae et al., 2005), 노인에 대한 치료는 헛수고라고 생각하기도 한다(Lee, Volans, & Gregory, 2003). 또 많은 노인 관련 실무자들이 노인에 관해 제대로 교육받았다고 생각하지 않으며, 자신이 하는 일에서 유능함을 경험하기가 힘들다고 말한다(Rosowsky, 2005). 이에 따라 노인과 일하는 것 자체가 불편하고 가능하면 피하고 싶은 일이 되는 것이다(김유진, 2011).

이와 같이 노인들에게 연령 기준의 중요성이 커지는 것은 노화의 여러 측면 중에서도 특별히 신체적 노화에 초점을 집중하는 오랜 관행과 무관하지 않다. 신체적 노화, 즉 신체적 쇠퇴는 노인과 노화를 질병이나 죽음과 연관시키게 만든다. 회복 불가능한 쇠퇴와 가까이 다가오는 죽음을 당연시함으로써 노인들에 대한 돌봄을 공허하고 무가치한 것으로 만들어 버리고, 쇠퇴하는 기억력과 점점 더 느려지는 움직임은 노인을 사회 중심부에서 배제하는 근거로 활용되기도 한다. 또한 인쇄 기술의 발전에 따른 책의 대중적 보급은 지식과 지혜의 보고로서 노인의 위상을 무너뜨렸고, 산업혁명에 따라 이동이 잦아진 노동 환경은 속도와 빠른 대처에 능한 젊은 노동력에 대한 선호와 더불어 노인들을 노동시장에서 배제하는 데 일조했다(김유진, 2011).

이와 같은 연령주의는 사회적 배제(social exclusion)로 구체화된다. 사회적 배제란, 사회나 개인이 특정 그룹 내의 사회적 통합에 필수적이면서도 다른 그룹의 구성원들이 일반적으로 누릴 수 있는 다양한 권리, 기회, 자원(고용, 민주적 참여, 의료 등)에서 체계적으로 배제된 상태를 의미한다(Silver, 1994). 현대 사회에서 노인들은 나이가 들었다는 이유로 인하여 다양한 사회적 배제를 경험한다. 가장 대표적인 사회적 배제는 노동 현장에서 목격된다. 나이가 많다는 이유로 다니던 직장에서 밀려나거나 새로운 일자리에서 배제된다. 노동에서 사회적 배제는 단순히 노동권의 배제로 그치지 않고 경제적 배제와 직결된다는 점에서 특별히 더 위험하다. 따라서 노동에서 노인에 대한 사회적 배제는 노인빈곤 문제와 직결된다. 이 밖에도 연령이 많다는 이유로 다양한 시설 이용이나 의료 및 복지 등의 서비스 이용, 교육이나 문화, 여가 등 활동에의 참여, 정치적 권한 행사에 이르기까지 다양한 장면에서 사회적 배제가 일어난다.

그러나 노인에 대한 사회적 배제나 빈곤은 연령의 증가로 노년기에 갑자기 나타나는 현상은 아니다. 노년기 빈곤은 최소한 노년기 이전부터 또는 전 생애에 걸쳐 누적되어 온 일련의 과정으로 보아야 한다. 대부분 유년기부터 지속된 빈곤의 대물림이나 청년기나 중년기를 거치면서 지속된 근로생애의 누적된 결과물이 노년기 빈곤으로 확대 재생산된다. 또한 원가족의 빈곤은 교육이나 진로 탐색을 통하여 경쟁력 있는 인적자원을 확보하는 데도 부정적인 요인으로 작용한다(최희경, 2005). 특히 교육에서의 배제 경험은 청장년기 저임금 노동을 선택할 수밖에 없게 만듦으로써 노년기 빈곤의 토대로 작용한다(안기덕, 2012).

연령주의와 사회적 배제의 최극단에는 노인 학대가 자리한다. 우리나라에서 노인 학대 문제에 대한 본격적인 논의가 진행된 것은 2004년 노인 학대 행위를 금지하고 긴급전화 및 노인보호전문기관의 설치근거를 신설하는 등 「노인복지법」을 개정하면서부터다. 법 개정을 계기로 전국 16개 광역시도에 17개의 지방노인보호전문기관을 지정한 것을 시작으로 2006년에는 중앙노인보호전문기관을 설립했으며, 현재까지 전국에 37개 지방노인보호전문기관이 설치되어 있다.

노인 학대는 "노인에 대하여 신체적 · 정신적 · 정서적 · 성적 폭력 및 경제적 착취 또는 가혹행위를 하거나 유기 또는 방임을 하는 것"(「노인복지법」 제1조의 2 제4호)으로 정의된다. 학대의 종류는 다양한데, 우선 학대가 발생하는 공간에 따라서는 노인과 동일 가구에서 생활하는 노인의 가족 구성원인 배우자, 성인 자녀뿐만 아니라 노인과 동일 가구에서 생활하지 않는 부양 의무자 등 그 밖의 친족에 의한 학대인 '가정학대', 노인에게 비용(무료 포함)을 받고 제공하는 요양원 및 양로원 등의 시설에서 발생하는 학대로서 시설 관련 종사자 등에 의해서 발생하는 학대인 '시설학대', 그리고 가정 및 시설 외의 공간 및 기타 학대 행위자에 의해 발생하는 학대인 '기타학대'로 크게 구분할 수 있다.

노인 학대는 형태별로 볼 때 신체적 학대, 정서적 학대, 성적 학대, 경제적 학대, 방임, 자기방임, 유기 등 일곱 가지로 구분될 수 있다. 첫째, 신체적 학대는 물리적 힘 또는 도구를 이용하여 노인에게 신체적 혹은 정신적 손상, 고통, 장애 등을 유발하는 행위를 의미한다. 둘째, 정서적 학대는 비난, 모욕, 위협 등의 언어 및 비언어적 행위를 통하여 노인에게 정서적으로 고통을 유발하는 행위를 말한다. 셋째, 성적 학대란 성적 수치심 유발 행위 및 성폭력 등 노인의 의사에 반하여 강제적으로 행하는 모든 성적 행위를 포함한다. 넷째, 경제적 학대는 노인의 의사에 반하여 노인으로부터 재산 또는 권리를 빼앗는 경제적 착취, 노인 재산에 관한 법률 권리 위반 등 경제적 권리와 관련된 의사결정에서 통제하는 행위를 의미한다. 다섯째, 방임은 부양 의무자로서의 책임이나 의무를 거부, 불이행 혹은 포기하여 노인의 의식주 및 의료를 적절하게 제공하지 않는 행위로서 필요한 생활비, 치료, 의식주를 제공하지 않는 행위 등을 말한다. 여섯째, 자기방임은 학대 행위자가 노인 자신이라는 점에서 특이한 학대의 형태로, 노인 스스로가 의식주 제공 및 의료 처치 등의 최소한의 자기 보호 관련 행위를 의도적으로 포기 또는 비의도적으로 관리하지 않아 심신이 위험한 상황이나 사망에 이르게 하는 행위를 의미한다. 마지막으로 유기는 보호자 또는 부양 의무자가 노인을 버리는 행위를 말한다.

노인보호전문기관으로 접수된 상담 및 신고를 목적으로 접수된 노인 학대 신고 접수 건수는 해마다 증가하고 있는데, 이는 학대의 실제 발생 건수가 증가함을 의미하는 것뿐 아니라 노인보호전문기관의 설립이 계속 증가함으로써 상담 및 신고가 더 활발히 진행되기 때문이기도 하다. 2023년 한 해 동안 전국 지역노인보호전문기관을 통해 신고된 전체 건수는 2만 1936건으로 전년 대비 12.2%p 증가했으며, 재학대 비율(10.8%)도 지속적으로 증가하고 있다. 학대 유형별로는 신체적 학대(42.7%), 정서적 학대(42.6%), 방임(7.1%), 경제적 학대(3.3%), 성적 학대(2.5%), 자기방임(1.6%), 유기(0.2%) 순으로 나타났다. 학대 발생 장소별로는 가정 내 학대가 86.5%로 절대다수였고 시설에서의 학대는 11.6%였다(중앙노인보호전문기관, 2024).

학대 피해 노인 중에는 남성(24.1%)에 비해 여성(75.9%)이 훨씬 더 많았으며, 연령별로는 70대가 41.7%, 80대 28.9%, 60대 23.6% 등의 순이었다. 학대 행위자는 남성이 68.9%로 여성(31.1%)의 두 배 이상이었으며, 연령으로는 70세 이상이 32.5%로 가장 많고, 50대가 25.7%였다. 한편, 65세 이상의 학대 행위자가 65세 이상의 학대 피해자를 학대하는 노-노 학대가 전체 학대의 42.2%에 해당하는 것으로 나타났다. 학대 행위자는 배우자가 35.8%였으며, 아들 26.3%, 시설 종사자 19.8%, 딸 7.7% 등의 순이었으며, 고령화 및 핵가족화에 따라 배우자에 의한 노-노 학대가 지속적으로 증가하는 추세이다. 학대 피해 노인의 가구 형태는 노인 부부만 동거하는 경우가 39.0%로 가장 많았고, 자녀 동거 28.2%, 노인 독거 15.9%였다. 한편, 학대 유형별로 학대 행위자 유형 순위가 다른데, 경제적 학대는 아들, 기관, 딸 순으로 빈번하게 일어난 반면, 성적 학대는 기관, 배우자, 타인 순이었고, 유기는 아들, 딸, 손자녀 순으로 나타났다(중앙노인보호전문기관, 2024). 이처럼 이미 우리나라에서 노인 학대는 위험 수위에 와 있다. 그리고 급속한 인구고령화, 지속적인 저출생, 가족의 노인 부양 기능 약화 등으로 인하여 노인 부양에 대한 개인적 · 사회적 부담은 더욱 가중될 뿐만 아니라 연령주의 확산으로 인하여 노인에 대한 차별과 혐오 그리고 학대는 더욱 심화될 가능성이 높다.

이렇듯 연령주의, 사회적 배제, 학대까지 인구 고령화에 따라 노인을 둘러싼 위험이 우리 사회에 점차 깊숙이 파고들면서 노인 인권에 대한 논의도 빠르게 진전되고 있다. 늘어난 노인인구 수만큼 사회에서 노인들의 목소리 또한 점차 커질 것이다. 노인을 소외계층으로, 사회적 약자로, 돌봄의 대상으로 보는 시각은 폐기되어야 한다. 그동안 노인은 돌봄의 대상 또는 복지의 수혜자로서 조명되어 왔으나, 고령인구의 증가와 더불어 노인의 관점에서 정책 및 제도를 재조명하는 당사자주의 그리고 노인 인권이 중요한 이슈로 떠오르고 있다.

인권(人權)은 인간의 존엄과 가치를 지켜주는 기본적 권리로서, 시대나 상황과 관계없이 사람답게 살기 위하여 기본적으로 보장되어야 하는 권리를 의미하며, 계층이나 성별, 연령과 같은 귀속적 요인은 물론 어떤 조건에 의해서도 제한받아서는 안 된다(국가인권위원회, 2018). 1948년 UN 총회에서는 모든 인류 구성원의 천부의 존엄성과 동등하고 양도할 수 없는 권리를 인정하는 것이 세계의 자유, 정의 및 평화의 기초임을 명시한 세계인권선언을 채택했다. 선언문에서는 모든 사람은 의식주, 의료 및 필요한 사회복지를 포함하여 자신과 가족의 건강과 안녕에 적합한 생활 수준을 누릴 권리와 실업, 질병, 장애, 배우자 사망, 노령 또는 기타 불가항력의 상황으로 인한 생계 결핍의 경우에 보장받을 권리를 가진다고 규정했다. 또 우리나라 헌법 제10조에서도 "모든 개인이 가지는 불가침의 기본적 인권을 보호하고 그 수준을 향상시킴으로써 인간으로서의 존엄과 가치를 구현하고 민주적 기본질서 확립에 이바지함을 목적으로 한다"고 규정하고 있다.

노인 인권과 관련하여 국가인권위원회(2018)에서는 6개 영역에 걸친 노인 인권 보호의 필요성을 제시했는데, 그 내용을 살펴보면 다음과 같다.

첫째, 건강 및 돌봄 영역이다. 인간의 존엄을 잃지 않도록 신체적 · 정신적 건강을 유지하고 적절한 돌봄을 제공받는 것은 노인의 기본적 권리이며, 건강한 삶은 개인의 사회 · 경제 · 정치적 지위와 무관하게 동등하게 보장되어야 하며, 노년기는 신체적인 건강이 취약해지는 시기이기 때문에 신체적 건강 증진을 위한 공적인 지원이 필요하다. 정신건강은 삶의 질을 결정하고 일상생활 유지를 위해 중요하기 때문에 정신건강을 위협하는 다양한 위험 요인에 효과적으로 대처하고 적절한 정신건강을 유지할 수 있도록 국가와 사회가 지원할 필요가 있다. 또한 노인이 신체적 · 정신적 · 정서적 안정을 이룰 수 있도록 가족과 지역사회의 보살핌과 보호를 받고, 질병의 예방 및 치료를 도와주는 돌봄에 대한 보장도 중요하다.

둘째, 기본 생활의 영역이다. 의식주는 인간의 삶 유지에서 가장 기초적인 요소이자, 노인 인권의 기본적인 사항이다. 환경이나 건강 상태에 맞는 의복을 사용할 수 있는가에 대한 보장은 인간이 삶을 유지하는 데 필수적 요소이며, 적절한 식품 섭취는 노인의 건강은 물론이고 기본적인 삶의 질 유지를 위해 필요하다. 또한 노년기에는 은퇴와 사회적 관계망의 축소, 노화로 인한 건강 악화 등으로 인하여 주택에서 보내는 시간이 많아지기 때문에 본인이 원하는 주거 환경에서 쾌적하게 생활하도록 지원하는 것이 매우 중요하다.

세 번째 영역은 인간의 삶 영위를 위한 경제적 기본 요소인 소득이다. 소득은 생존에 필수적인 경제적 수단이기 때문에 부족한 경우 빈곤에 처할 가능성이 높아지는데, 노년기는 주 수입원인 일자리에서 은퇴함으로써 소득 감소 또는 단절을 경험하게 된다. 노년기 기본 삶을 영위하도록 빈곤에 처하지 않을 최소한의 수입을 보장하는 것이 필요하다.

넷째, 고용 및 노동 보호의 영역으로, 이는 노인의 경제소득 보전 및 사회활동 유지에 중요하다. 특히 인구 고령화는 고령 노동을 통해 사회적 생산성의 문제를 해결하려는 정책과 맞물려 있어, 이에 대한 사회적 책임은 노인 인권의 중요한 영역으로 부각되고 있다. 고령 노동은 노후의 독립적 소득 보장에 긍정적으로 작용하는 반면, 노동시장에서의 연령차별, 양질의 일자리 부족 등의 문제가 제기된다. 한편, 급격한 인구 고령화 및 여성의 경제활동 참여 증가에 따라 노노(老老) 돌봄이나 손자녀 돌봄 등 노인의 돌봄 노동 참여도 증가하고 있다. 이에 노인의 돌봄 노동 과정에서 불편함이나 부당함, 삶의 제약 등이 새로운 노인 인권 문제로 제기되고 있다.

다섯째, 사회참여와 통합 영역이다. 노년기 사회참여는 욕구 충족, 신체적 건강 개선, 정서적 안정 유지, 삶의 만족 제고에 기여한다. 사회통합은 사회 구성원들 간 신뢰, 연대의식과 책임성을 바탕으로 사회를 유지하는 필수적인 요소로서, 노인들로 하여금 다른 사회 구성원들과 더불어 사회활동에 참여하고, 사회적 관계를 형성 · 발전시켜 나갈 수 있도록 돕는다. 사회통합 수준이 높은 사회일수록 안정되고 안전하며, 공평하면서도 관용적이고, 다양성과 기회균등 그리고 노인을 비롯한 모든 사회 구성원의 참여를 존중한다는 점에서 노인 인권에서 중요한 의미가 있다(정기선 외, 2012).

여섯째, 존엄과 안전 영역이다. 존엄과 안전은 다른 모든 영역의 기본 전제가 되는 중요한 영역이다. 노인은 고령에 따른 신체 기능 저하, 경제적 취약성, 질병과 장애 등으로 인하여 타인의 도움을 필요로 하며, 타인에 대한 의존성이 커지기 때문에 노인 학대 등 인권 침해 가능성이 높아질 수 있다. 또한 노인은 존엄한 죽음을 보장받을 권리와 급격한 삶의 질 저하를 가져올 수 있는 각종 안전사고에서 안전하게 보호받을 권리를 지닌다.

인구 고령화의 진전에 따라 노인 인권 보호와 증진을 더 실제화하기 위해서는 무엇보다도 중앙정부와 지방정부 차원의 노인 인권 보호를 위한 정책 수립 및 실천이 뒷받침되어야 할 것이다. 또한 시민사회와 민간 차원에서도 노인 인권 옹호를 위한 다양한 실천과 학대를 포함하여 노인 인권 침해에 대한 지속적인 조사, 연구, 감시 활동이 이루어져야 할 것이다.

## 참고문헌


고영복(2000). 『사회학사전』. 사회문화연구소.

국가인권위원회(2018). 『노인인권종합보고서』. 국가인권위원회.

김유진(2011). 백문이 불여일체(百聞而不如一體): 대학생의 노인생애체험학습을 통한 노인과 노화의 이해 및 연령차별주의에 대한 자기반성에 관한 연구. ≪Social Science Research Review≫, 27권 3호, 101～120.

안기덕(2012). 국민기초생활수급 여성독거노인의 생애사 연구. ≪한국노년학≫, 32권 2호, 447～465,

임영신 · 김진선 · 김기순(2002). 간호사들의 노인에 대한 지식 및 태도. ≪한국노년학≫, 22권 1호, 31～46.

정기선 · 오정은 · 김환학 · 최서리 · 신예진 · 정영탁(2012). 『이주민의 지역사회 정착과 사회통합 정책연구』. 이민정책연구원.

중앙노인보호전문기관(2024). 『2023 노인학대현황보고서』. 중앙노인보호전문기관.

최희경(2005). 빈곤 여성 노인의 생애와 빈곤 형성 분석. ≪노인복지연구≫, 27호, 147～174.

한정란(2019). 세대통합교육의 이론적 고찰. ≪연령통합 사회 Issue & Focus≫, 8호, 1～5.

Dillon, K. M. H., & Goodman, S.(1980). Twenty-five classroom exercises for courses in aging. *Teaching of Psychology*, 7, 96～99.

Ello, L. M.(2007). Older adult issues and experiences through the stories and images of film. *Journal of Teaching in Social Work, 27*(1/2), 271～282.

Kane, M.(2004). Ageism and intervention： What social work students believe about training people differently because of age. *Educational Gerontology,* 30, 67～84.

Lee, K., Volans, P. J., & Gregory, N.(2003). Trainee clinical psychologist: views on recruitment to work with older people. *Ageing & Society,* 23, 83～97.

McCrae, N., Murraya, J., Banerjeea, S., Huxleya, P., Bhugraa, D., Tyleea, A., & Macdonald, A.(2005). 'They're all depressed, aren't they?'A qualitative study of social care workers and depression in older adults. *Aging & Mental Health, 9*(6), 508～516.

Rosowsky, E.(2005). Ageism and professional training in aging: Who will be there to help?. Generations, 29(3), 55～58.

Schuldberg, J.(2005). It Is easy to make judgments if it's not familiar: The use of simulation kits to develop self-awareness and reduce ageism. *Journal of Social Work Education, 41*(3), 441～455.

Silver, H.(1994). Social Exclusion and Social Solidarity: Three Paradigms. *International Labour Review, 133*(5～6), 531～578.

Tan, O., Hawkins, M. J., & Ryan, E.(2001). Baccalaureate social work student attitudes toward older adults. *Journal of*

*Gerontological Social Work, 33*(4), 35~50.

# 08

## 100세 시대 이슈 7: 다세대 공존 시대와 세대갈등

인구 고령화는 다세대 공존 시대의 도래를 뜻한다. 사회 변화가 가속화되면서 세대는 30년이라는 수적 기준을 넘어 시대적, 사회적, 역사적 경험을 공유하는 비슷한 연령대를 지시하는 개념으로 확대되고 있다. 최근 우리 사회에서는 세대 간 의식과 생활양식의 차이를 넘어 정치적 이념, 일자리 배분, 연금과 복지 등을 둘러싼 갈등이 점차 심화되는 경향을 보인다. 다세대 공존 사회에서 세대통합은 필수 불가결한 선택으로, 세대가 서로 이해하고 협력하고 공존하는 방식을 배워 나가는 세대공동체 교육이 필요하다.

인구 고령화 및 기대수명의 연장은 곧 동시대에 공존하는 세대 수의 증가를 의미하므로, 다세대공존(多世帶共存) 시대의 도래를 말하는 것이기도 하다. 기대수명이 50세이던 과거에는 기껏해야 두 세대가 공존했다면, 기대수명이 80세로 늘어난 지금은 세 세대가 함께 살아가며, 기대수명이 100세까지 연장되면 최소 네 세대가 공존하게 된다. 따라서 인구 고령화는 노인들만의 문제가 아니라 시대를 함께 살아가야 하는 모든 세대의 문제라 할 수 있다.

세대(世代)란 일반적으로 비슷한 사회적, 역사적 경험을 공유하는 30년의 연령 단위를 의미한다. '세(世)'는 인간이 태어나서 자식을 잉태하기까지 걸리는 대략 30년 주기를 뜻하고, '대(代)'는 먼저 태어난 사람과 나중에 태어난 사람이 교대한다는 뜻으로, 태어나서 성장하여 자신의 아기를 낳을 때까지 걸리는 평균 시간을 뜻한다. 그러나 사회 변화의 속도가 점차 빨라지면서 30년이라고 하는 숫자적 기준이 점차 무의미해지고 같은 시대적, 사회적, 역사적 경험을 공유하는 비슷한 연령대를 지시하는 개념으로 확대 해석되고 있다.

세대의 개념화를 시도한 연구자 중 가장 대표적인 학자는 커처(Kertzer, 1983)다. 그에 따르면 사회학자들이 사용하는 세대 개념은 다음 네 가지 유형으로 분류할 수 있다.

첫째, 친족 계보에 따른 동일 항렬의 의미다. 세대 개념은 친족 계보(kinship descent)에서의 종적(縱的)인 세대 관계에서 같은 항렬(行列)에 속하는 사람들이라는 의미가 있다. '조항(祖行)'에 속하는 조부모 세대, '숙항(叔行)'에 속하는 부모 세대, '질항(姪行)'에 속하는 자녀 세대, '손항(孫行)'에 속하는 손자녀 세대 등은 모두 항렬에 의한 세대 구분에 해당한다. 항렬 기준의 세대 개념은 사회인류학 분야에서 전통적으로 많이 사용되어 왔으며, 사회학에서는 부모-자녀 간 가치관의 연속성과 단절이라는 쟁점과 관련하여, 그리고 인구학에서는 여성의 재생산 활동을 통한 인구 교체와 관련하여 주로 사용되어 왔다(한정란, 2015).

둘째, 출생 동시 집단 개념이다. 만하임(Mannheim, 1952) 등은 세대를 동일 시기에 태어난 '코호트(cohort)', 즉 동일 시기 출생 집단(birth-cohort)으로 바라본다. 이러한 정의는 주로 인구학에서 사용되는데, 같은 역사적 사건이라도 개인이 어떤 생애주기에 그 사건을 경험하는가에 따라 그 사건이 개인의 삶에 미치는 영향의 정도나 결과가 달라진다는 것이다. 예를 들어 전쟁을 겪더라도 정체성을 형성하는 민감한 시기인 청소년기에 그 전쟁을 경험했는가 아니면 한 집안의 가장으로서 가족들을 이끄는 성인기에 그것을 경험했는가에 따라 전쟁이 개인의 삶에 치민 영향이 다르다. 따라서 동일 코호트로서 세대는 동일한 생애주기 단계에서 동일한 역사적 사건을 경험함으로써 의식, 가치관, 생활방식 등에서 유사성을 갖게 된다(한정란, 2015).

셋째, 동일한 생애주기 단계로서 세대 개념으로, 세대를 동일한 '생애단계(life stage)'에 속한 사람들로 정의한다. 인간은 출생부터 사망까지 생애주기를 따라 이동해 가는데, 그 과정 중의 특정 시점에 특정 생애단계에 속하게 된다. 아동기, 청소년기, 성년기, 중년기, 노년기 등 생애주기마다 직면하는 삶의 과제들이 다르기 때문에, 동일한 생애단계에 자리한 사람들은 비슷한 삶의 문제와 위기에 처하여 과제를 공유하는 과제 동질적 집단이라 할 수 있다. 아동 세대, 청소년 세대, 청년 세대, 중년 세대, 노년 세대 등의 구분은 바로 이러한 생애주기 단계로서의 세대 구분에 해당한다(한정란, 2015).

넷째, 특정 '역사적 시기(historical period)'에 생존하여 동일한 역사적 사건을 경험하게 되는 사람들로 정의되는 세대 개념이다. 이러한 정의는 역사학에서 널리 사용되는데, 특정한 시대적 경험은 유사한 감정과 의식, 사회적 시각 등을 공유하도록 함으로써 동질적인 세대 의식을 갖게 한다. 예를 들어 해방둥이, 전후 세대, 4 · 19 세대, 88올림픽 세대, 월드컵 세대 등은 중요한 역사적 사건을 함께 경험함으로써 동일한 역사적 경험을 공유하는 넓은 범위의 코호트를 포함하는 세대 구분이다(한정란, 2015).

세대의 개념에 따라 세대 차이가 발생하는 기제에도 차이가 있다. 세대 차이란 각 세대에 따라 경험, 사고방식, 가치관, 행동 등에 일정한 차이가 존재하는 경우로, 세대 간의 의식, 태도, 행위 양식의 차이를 말한다. 박재홍(2001)은 세대 차이의 발생 기제를 세 가지로 설명했다. 첫째는 코호트 효과로서, 역사적 경험이나 사회화의 결과로부터 세대 차이가 기인한다는 것이다. 즉, 어떤 역사적 경험을 하는가와 어떤 교육을 받았는가에 따라 세대 간에 다른 의식, 태도, 가치를 형성하게 된다. 둘째는 연령 효과로, 현재 각기 다른 생애주기 단계나 연령에 들어가 있기 때문에 세대 차이가 발생한다는 것이다. 즉, 어떤 생애주기에 속하는가 혹은 어떤 연령기에 들어있는가에 따라 당면한 관심사나 삶에서 중요하게 생각하는 문제가 다르기 때문에 세대 간에 차이가 만들어진다. 마지막은 기간 효과로, 관찰하는 특정 시점으로부터 세대 차이가 발생한다는 것이다. 즉, 어느 시점을 기준으로 세대 간의 차이를 관찰하고 해석하는가에 따라 그 시점에 각 세대가 처한 상황이나 당면 문제를 바라보는 관점이 달라지기 때문에 세대 차이가 만들어진다.

한편, 만하임(Mannheim, 1952)은 세대를 '비슷한 연령대에 주목할 만한 역사적 경험을 경험한 집단'이라고 정의했다. 세대를 동일한 연령 집단으로 바라보는 만하임의 시각에서는 세대 차이가 계층이나 계급, 세계관의 차이로부터 비롯되는 것이 아니라, 다른 시간 체험으로부터 기인한다고 본다. 만하임은 세대 차이가 발생하는 과정을 '경험의 성층화(成層化, stratification of experience)'를 통해 설명했다. 출생 동시 집단으로서 각 세대는 동일한 시간대 속에서 성장해 나가게 되며, 같은 발달단계에서 동일한 역사적 경험을 하게 된다. 각 세대는 삶의 과정을 통해 비슷한 경험들을 성층화해 나가고 이런 경험의 성층화 차이가 세대 차이를 만들어 낸다. 경험의 성층화 과정에서 경험을 해석하고 인식하는 데 가장 기본적인 틀이 있는데, 그것이 바로 '기층경험(primary stratum of experience)'이다. 기층경험은 어릴 때 형성된 경험의 층 중 가장 아래 자리한 경험으로서, 이후의 모든 경험을 해석하는 틀을 제공한다. 따라서 다른 시기에 출생한 세대들은 어느 특정 시점에 똑같은 경험을 하더라도 기층경험이 다르기 때문에 그 경험을 다르게 인식하고 해석하게 된다.

세대갈등은 지역갈등, 계급갈등과 더불어 우리 사회의 주요한 사회갈등의 하나로 1990년대 '신세대'라는 문화코드가 각종 매체를 지배하면서 세대갈등에 관한 논의가 주목받게 되었다(박재홍, 2010). 최근에는 인구고령화 및 저출생으로 인하여 세대통합과 공존을 요구하는 다세대 공존 사회가 빠른 속도로 다가오고 있지만, 사회 각 부문에서 세대 간 충돌을 완화하고 갈등을 해소하기 위한 전략과 방안은 아직 마련되지 못하고 있다. 세대 간의 가치관, 인식, 태도 등의 차이가 중심이 되었던 과거와는 달리 현재의 세대 갈등은 희소한 사회적 자원과 한정된 기회의 분배 및 통제를 둘러싼 경쟁적 이해관계의 갈등으로 변하고 있는 추세다(홍영란 외, 2013).

세대갈등은 계층갈등과 맞물려 더욱 증폭될 가능성이 높아, 초고령사회에서는 일자리, 연금, 문화, 정치적 지향 등 사회의 다양한 영역에서 세대 격차가 더 증폭되고 빈곤, 복지, 고용 등에서 계층 간 갈등이 세대 간 갈등과 중첩되어 심각한 사회적 갈등으로 확대될 우려가 있다. 특히 최근 우리 사회의 세대갈등은 단순히 의식과 생활양식의 차이를 넘어서 정치적 이념의 갈등, 일자리 배분과 연금 등을 둘러싼 경제적 갈등, 산업사회 세대와 지식정보사회 세대 간의 문화적 갈등 등으로 점차 심화되는 양상을 보이고 있다. 또 디지털 환경에 익숙한 소위 디지털 네이티브(digital native) 세대와 전(前)디지털 또는 아날로그 세대 간의 이해와 소통의 한계는 세대갈등을 더욱 증폭하는 요인으로 작용하고 있다(홍영란 외, 2013).

정보가 권력이 되는 지식정보사회에서는 디지털 세대가 아날로그 세대보다 더 많은 정보를 가짐으로써 세대 간 정보

격차(digital divide)가 중요한 세대갈등의 요인으로 작용한다. 특히 참여, 공유, 개방, 협력의 정신을 기반으로 한 디지털 문화는 탈권위주의적이고 창의와 혁신의 문화 코드를 지향하는 특성을 가지므로 권위와 위계질서, 표준화와 대량생산, 규범과 규율을 중시하는 기성세대의 아날로그 문화와 가치 충돌의 위험성이 상당히 크다(홍영란 외, 2013).

이에 세대 간 이해를 증진하고, 격차를 해소하여 갈등을 완화하기 위한 방안의 하나로 제시되는 것이 세대공동체 교육이다. 이는 노년교육의 궁극적인 이상이다. '세대공동체(the community of generations)'란 매클러스키(McClusky, 1990)가 처음으로 제안한 개념으로 여러 세대 혹은 연령 집단이 하나의 공동체로서 그 안에서 함께 활동하는 것을 의미한다. 세대공동체 교육의 근거는 비록 각 세대가 살아가는 시간과 경험 면에서는 다르다 해도, 전체 생애의 일부분으로서 서로 관련되어 있다는 점에서 공통된 이해관계를 가지며, 오히려 그들이 한 공동체 안에서 활동할 때 서로 간의 세대 차이로 인하여 인생 전체의 경험을 더욱 잘 이해하도록 만들 수 있다는 데 있다. 세대공동체 교육은 여러 세대 혹은 여러 연령 집단이 어떤 교육적인 목적을 위하여 공동체 안에서 함께 활동하는 것이며, 세대공동체 속에서 각 세대는 자신들이 미처 경험하지 못했던 시간과 공간을 경험할 수 있을 뿐 아니라 서로를 통하여 더욱 많은 것을 배우고 얻을 수 있다(한정란, 2015).

세대공동체 교육은 서로 다른 세대들이 함께 하는 의미 있는 경험을 통하여 세대 간의 오해나 그로부터 비롯된 편견을 감소시키고, 세대 간의 차이점보다 세대 공통의 가치나 관점에 대한 이해를 더욱 부각시킴으로써 공동체의식을 발전시킨다. 또 다양한 배경과 연령, 그리고 경험을 가진 사람들 간의 상호작용의 기회를 제공해 줌으로써 인간관계의 폭과 인간에 대한 이해를 확대하며, 서로 다른 연령 집단이 갖고 있는 각자의 이점과 능력을 통하여 서로에게 도움을 준다. 세대공동체 교육은 우리 사회에 만연한 연령에 따른 분리와 차별 그리고 갈등을 해소해 줄 수 있으며, 젊은 세대들에게는 문화유산과 전통, 역사에 대한 생생하고 정확한 이해를 갖고 아직 경험하지 못한 인생의 시기에 대한 이해와 인생의 다양한 경험과 지혜를 배울 수 있도록 도와준다. 또 노인들에게는 젊은 세대를 통하여 사회의 변화에 대한 감각과 새로운 지식, 이상과 포부, 도전정신, 사회의 변화에 적응하고 대처해 나가는 방법을 배울 수 있도록 돕는다(한정란, 2015).

세대공동체 교육의 이론적 근거는 다음과 같은 세 가지 사회심리학 이론 및 관점에서 찾을 수 있다(한정란, 2015).

첫째는 타지펠(Tajfel, 1974)이 처음 주장하고 그와 동료들(Tajfel & Turner, 1979)에 의하여 발전된 사회적 정체성 이론(social identity theory)이다. 이 이론은 세대갈등에서 인지적인 요소를 강조한 것으로, 세대갈등은 인지적 노력을 최소화하고자 하는 동기에서 비롯된 사회적 유목화와 긍정적 사회 정체성을 유지하려는 동기에서 비롯된 '내집단 선호(ingroup favoritism)'의 결과라는 것이다. 인간의 인지능력에는 한계가 있기 때문에 제한적인 능력을 가지고 정보를 효율적으로 처리하기 위해서는 정보들을 적절히 유목화하고 효과적으로 분류하여야 한다. 사회적 유목화 과정에서 인지적 노력을 최소화하기 위해서 세대, 성별, 출신 지역 등의 유목들로 사람들을 분류하고 단순화시키며, 이러한 사회적 유목화 과정을 통하여 결정된 사회적 집단의 특성은 그 집단에 속하는 개인의 사회적 정체성(social identity)을 형성하게 된다(Pinquart, Wenzel, & Sorensen, 2000; Turner & Oakes, 1986). 사람들은 가능하면 한 집단 내의 다양성은 최소화하는 반면, 집단 간 차이는 극대화하는 방향으로 유목화한다. 예컨대, 노인 세대는 젊은 세대에 대해서 '요즘 젊은 것들은 통 버르장머리가 없어'라는 식으로 고정관념을 통해 젊은 세대의 특성을 단순화하고, 젊은 세대들 역시 노인 세대에 대하여 '노인네들이 다 그렇지 뭐'라고 단순화해 버린다.

한편 집단 유목화 과정에서 사람들은 유목을 통하여 자신이 속한 집단과 자신이 속하지 않은 집단을 구분할 뿐 아니라, 인지적 평형성을 유지하기 위하여 두 집단의 평가를 달리하는 경향이 있다. 일반적으로 자신이 포함된 내집단은 더 긍정적으로 지각하는 반면, 자신이 포함되지 않은 다른 집단인 외집단에 대해서는 덜 긍정적으로 평가함으로써 인지적 평형을 유지하려고 한다. 사람들은 긍정적 사회적 정체성을 유지하고 자존감을 향상시키기 위하여 자신이 속한 내집단 선호 전략을 사용한다(Tajfel & Turner, 1979).

세대 인식에서 사람들은 인지적 노력을 줄이고 효율적으로 정보를 처리하기 위하여 내집단인 내가 속한 세대와 외집단인 내가 속하지 않은 다른 세대로 사회적 유목화를 하면서 각 세대의 특징을 가능한 한 단순화한다. 또 자신이 속한 세대를 더 긍정적으로 평가하기 위하여 상대적으로 다른 세대에 대해 더 부정적인 평가를 함으로써 인지적 평형성을 유지하고자 한다. 이 과정에서 세대갈등이 발생하는 것이다. 즉, 세대를 가르는 것 자체가 세대갈등의 원인이 된다고 본다. 생활 속에서도 이러한 예를 쉽게 찾아볼 수 있는데, 운동회 때 청군과 백군으로 나뉘는 순간 평소 친했던 두 친구 사이에 갈등이 생기거나 좋아하던 동료가 특정 지역 출신이라는 사실을 알게 된 순간부터 그 동료에 대해 부정적 편견을 갖게 되는 것도 바로 이런 사회적 유목화와 내집단 선호의 결과라

할 수 있다.

사회적 정체성 이론의 관점에서 세대갈등을 완화하기 위해서는 가능하면 세대에 대한 구분 기준이 고착되지 않도록 사람들을 분류하는 기준들을 다양하게 사용해야 한다. 또 교육이나 대중매체를 통하여 다른 세대에 관한 객관적이고 긍정적인 정보들을 제공하며, 특정 세대에 대한 고정관념에서 벗어날 수 있도록 각 세대의 다양한 활동 모습들을 소개함으로써 특정 세대에 대하여 부정적인 고정관념을 갖지 않도록 유도할 필요가 있다. 원래 가지고 있던 고정관념과 배치되는 정보에 자주 반복적으로 노출될수록 고정관념은 쉽게 바뀔 수 있다. 그리고 기존 고정관념에 반하는 그 정보가 예외적이고 특이한 것이기보다는 일상적이고 친근한 정보일수록 고정관념은 더 쉽게 깨질 수 있다. 세대나 연령 등의 집단 구분이 고착되지 않도록 사람들을 분류하는 사회적 유목 기준들을 관심 분야나 흥미 등 다양하게 활용함으로써 '세대'라는 기준을 희미하게 만들어 버리고 세대의 경계를 넘어 다양한 다른 집단으로 이동할 수 있도록 하는 것이다.

둘째, 현실적 집단갈등 이론에서는 세대 간의 갈등이 제한된 자원을 둘러싼 현실적인 이해관계에서 시작된다고 본다. 그 대표적인 학자인 터너(Turner, 1978)는 제한적인 사회자원을 세대 간에 배분하는 과정에서 현실적인 갈등이 야기되며, 따라서 세대갈등은 일종의 '사회적 경쟁(social competition)'이라고 보았다. 사회의 집단들은 자원의 제한성으로 인하여 승자가 된 집단만이 원하는 자원을 얻고 다른 집단은 원하는 자원을 얻지 못하는 제로섬(zero-sum) 상황에 놓이게 되기 때문에 제한적인 자원을 둘러싸고 집단 간에 갈등이 발생하게 된다는 것이다. 세대 간 갈등은 서로 다른 목표를 가진 세대가 제한된 자원을 놓고 현실적인 갈등을 일으키기 때문이라는 것이다. 각 세대는 제한적인 자원을 둘러싼 경쟁 상대인 동시에 서로 다른 이해관계와 목표를 갖고 있기 때문에, 서로에 대해 부정적인 태도와 갈등을 발달시키게 된다. 그리고 제한된 자원에 대한 세대 간의 현실적인 경쟁은 전체적인 세대 간 갈등으로 발전된다(Pinquart et al., 2000). 예컨대, 노년층의 기초연금을 늘리기 위해서는 젊은 세대에게 더 많은 세금을 거두어야 하고, 출산 장려나 보육 서비스를 확대하기 위해서는 노인복지 예산의 삭감이 불가피할 수 있다.

이러한 현실적 집단갈등 이론의 관점에서 보면, 세대갈등의 해법은 현실적인 갈등의 요인을 제거해 주는 것이다. 그 방안의 하나로 세대 간에 이해관계나 목표를 일치시킨다면, 세대들은 상호 경쟁자가 아닌 협조자가 될 수 있다. 이를 입증하기 위하여 핀쿼트 등(Pinquart et al., 2000)은 초등학생

32명과 시니어센터에 참여하고 있는 노인 20명을 아동 7~8명과 노인 4~6명씩 실험집단과 통제집단으로 나누어 실험을 실시했다. 각 집단은 6주 동안 주 1회 90분씩 시니어센터에서 각각 인형극 과제를 수행했다. 동화를 기초로 대본을 작성하고 장갑 인형을 만들어 인형극을 만들어 공연에 올리는 것이 과제였다. 그런데 이 과제를 수행하는 데서 실험집단의 아동과 노인들은 한 팀이 되어 과제를 수행한 반면, 통제집단에서는 아동팀과 노인팀으로 나뉘어 과제를 수행하도록 했다. 그 결과, 실험집단에서만 아동과 노인 상호 간 긍정적인 태도 개선이 있었다. 즉, 목표가 같아지면 현실적인 세대갈등이 사라지고 서로 다른 세대라도 사회적 경쟁자가 아닌 협력자로 바뀔 수 있다는 것이다.

세 번째 이론 접촉가설(contact hypothesis)에서는 세대 간의 갈등을 세대 간에 접촉이 부족하고 서로에 대한 정보가 부족해서 오는 오해에서 비롯된, 어느 정도 일시적인 현상으로 해석한다. 적절한 조건하의 집단 간 접촉은 집단 간 관계를 개선하고 집단 간의 편견을 효과적으로 줄일 수 있다(Allport, 1954). 태도 변화의 방향은 접촉이 일어나는 상황에 의존하는데, 정적인 조건에서의 접촉은 집단 간 편견을 감소시키는 효과가 있지만, 부정적인 접촉 경험은 오히려 편견을 강화할 수도 있다(한정란, 2000; Pinquart et al. 2000).

세대 간 접촉 부족은 다른 세대에 대한 정보를 제한하고 다른 세대에 대한 오해와 고정관념을 만들어 낸다. 사람들은 어떤 대상에 대해 잘 모를수록 그 대상을 경계하고 부정적으로 평가하거나 비호의적으로 행동하는 경향이 있다(Wilder, 1978). 현대 사회에서 젊은이들은 주로 도시에서, 노인들은 주로 농촌에서 생활하며, 한 도시 안에서도 젊은이들이 주로 이용하는 공간과 노인들이 이용하는 공간이 구분되어 있다. 젊은이들은 이탈리안 레스토랑에서 점심을 먹고 노인들은 국밥집이나 점심을 먹으며, 식사 후에 젊은이들은 커피전문점으로 노인들은 조용한 전통찻집으로 이동한다. 젊은이들은 영화관과 피시방, 클럽에서 여가를 보내지만, 노인들은 경로당, 복지관, 공원에서 여가를 보낸다. 두 세대는 같은 시간, 같은 공간에서 살고 있지만 서로 분리된 채 살아간다. 이러한 세대 간 교류의 단절, 그로 인한 세대 간의 정보 부족, 세대 간의 오해는 세대 간 갈등을 만들어 낸다.

접촉가설에서는 세대갈등을 해결하기 위해서 무엇보다도 서로 자주 접촉하고 교류함으로써 서로에 대해 알아 가는 노력이 필요하다고 주장한다. 그러나 접촉가설에서 말하는 집단 간 접촉을 통한 갈등이나 편견의 해결은 단시간 내에 해결되지는 않으며, 따라서 무엇보다도 세대공동체 교육을 통한 지속적이고 반복적인 세대 간 관계 형성이 중요하다(원영희 · 김동배 · 이금룡 · 한정란, 2002). 자주 만나서 서로에 대해 자세히 알게 될수록 서로를 더 깊이 이해하고, 서로 이해하게 될수록 서로에 대한 단점보다는 장점이 부각되기 때문에 더 긍정적인 태도를 갖게 됨으로써 세대갈등을 완화할 수 있다(한정란, 2002).

세대통합은 현재 고령사회 그리고 향후 미래 초고령사회에서 여러 세대가 더불어 살아가기 위해 필수 불가결한 선택이다. 그리고 세대통합 사회로 나아가기 위하여 세대가 서로 이해하고 더불어 협력하고 공존하는 방식을 배우도록 하는 세대통합 교육이야말로 가장 중요한 전제 조건이라 할 수 있을 것이다(홍영란 외, 2013). 세대 또는 연령을 구분하지 않는 세대 또는 연령 통합적인 세대공동체 교육이야말로 교육의 본래 모습이자 이상이자 다세대 공존 초고령사회의 근본적인 해법이 될 수 있을 것이다.

## 참고문헌

박재홍(2001). 세대 연구의 이론적·방법론적 쟁점. ≪한국인구학≫, 24권 2호, 47~78.

박재홍(2010). 한국사회의 세대갈등: 권력, 이념, 문화 갈등을 중심으로, ≪한국인구학≫, 33권 3호, 75~99.

원영희 · 김동배 · 이금룡 · 한정란(2002). 노인의 자원봉사활동이 노인에 대한 태도에 미치는 영향: 중학생을 대상으로. ≪한국노년학≫, 22권 2호, 131~146.

한정란(2000). 대학생들의 노인에 대한 태도에 관한 연구. ≪한국노년학≫, 20권 3호, 115~127.

한정란(2002). 노인교육과 세대통합: 세대공동체 교육. ≪Andragogy Today≫, 5권 1호, 99~108.

한정란(2015). 『노인교육론』. 학지사.

홍영란 · 김미란 · 최두진 · 황여정(2013). 『세대통합을 위한 교육 · 정보체제 개선 전략 연구(Ⅰ): 실태진단 및 정책 분석』. 한국교육개발원.

Allport, G. W.(1954). *The nature of prejudice.* Addison-Wesley.

Kertzer, D. I.(1983). Generation as a sociological problem. *American Review of Sociology,* 9, 125~149.

Mannheim, K.(1952). The problem of generations, in Mannheim, K. *Essays on the sociology of knowledge.* London: RKP.

McClusky, H. Y.(1990). The community of generations: A goal and a context for the education of persons in the later years.

In R. H. Sherron & D. B. Lumsden, *Introduction to educational gerontology*(3rd Ed.)(pp. 59～83), Washington, D. C.: Hemisphere Publishing Corporation.

Pinquart, M., Wenzel, S., & Soresen, S.(2000). Changes in Attitudes among Children and Elderly Adults in Inter-generational Group Work. *Educational Gerontology*, 26, 523～540.

Tajfel, H.(1974). Social identity and intergroup behavior. *Social Science Information. 13*(2), 65～93.

Tajfel, H., & Turner, J. C.(1979). An integrative theory of intergroup conflict. In W. G. Austin & S. Worche(eds.), *The social psychology of intergroup relations*(pp. 33～47), Monterey, CA: Brooks/Cole.

Turner, J. C.(1978). Social categorization and social discrimination in the minimal group paradigm. In Tajfel, H.(ed.), *Differentiation between groups: Studies in the social psychology of intergroup relations*(pp. 235～250), London: Academic Press.

Turner, J. C., & Oakes, P. J.(1986). The significance of the social identity concept for social psychology with reference to individualism, interactionism and social influence. British *Journal of Social Psychology*, 25, 237～252.

Wilder(1978). Reduction of intergroup discrimination through individuation of the outgroup. *Journal of Personality and Social Psychology*, 36, 1361～1374.

## 09

# 100세 시대 이슈 8: 죽음과 웰다잉

노년기는 전 생애 중 죽음과 가장 가까운 시기다. 기대수명은 길어졌지만, 기대수명과 건강수명 간 격차는 죽음을 가시적으로 느끼면서 죽음에 대한 불안과 공포를 가지고 살아가야 하는 기간 또한 연장시켰다. 이에 웰다잉이 노년학의 중요한 이슈로 떠오르고 있다. 살아갈 시간보다 살아온 시간이 훨씬 긴 노년기에는 인간으로서의 존엄성을 지키면서 품위 있는 죽음을 준비하고 맞이하는 웰다잉이야말로 웰빙의 중요한 전제 조건이 된다.

노년기는 전 생애 중 죽음과 가장 가까운 시기다. 인구 고령화로 인한 노인인구의 증가와 평균수명의 연장으로 인하여 우리 사회에서 죽음의 질을 어떻게 확보할 것인가에 대한 관심 또한 커지고 있다. 수명의 연장으로 실제 죽음을 맞이하기까지의 기간은 더 길어졌지만, 노년기의 연장에 따라 죽음을 가시적으로 느끼면서 생활하는 기간도 길어지고 있다. 앞서도 언급했듯이 2020년 가장 사망자 수가 많은 연령, 즉 최빈사망연령은 평균 89세, 남성 86세, 여성 90세로 실제 사망에 이르는 연령은 과거에 비해 훨씬 높아졌지만(통계청, 2021), 65세를 노년의 기준으로 볼 때 평균 25년 가까이를 죽음을 향해 다가가고 있다고 할 수도 있을 것이다. 2020년 기준, 우리나라 남성들의 기대수명은 80.5세이지만 건강수명은 65.6세로 14.9년 동안 한 가지 이상의 질병을 안고 살아가며, 여성들 또한 기대수명은 86.5세이지만 건강수명은 67.2세로 19.3년이나 하나 이상의 질병과 싸우며 살아가야 한다(통계청, 2020). 즉, 60대 중반부터는 건강하지 않은 상태에서 죽음을 가시적으로 느끼기 시작한다고 볼 수 있으며, 건강수명과 기대수명의 차이가 클수록 죽음에 대한 불안과 공포는 커질 수밖에 없다.

한편 노년기는 본인의 죽음을 예견하는 시기일 뿐 아니라 배우자의 상실이나 형제자매 또는 친구의 죽음을 경험하는 시기이기도 하다. 배우자, 형제자매, 친구 등 중요한 타자(significant others)의 죽음은 사회적 네트워크의 축소와 정서적 지지의 상실 등 노년기 삶에 다각적인 영향을 미칠 수 있다. 노인의 죽음은 노인인구의 양적 증대와 더불어 건강이 악화되는 시점부터 죽음까지의 기간이 연장되고 있다는 점에서 죽음의 당사자뿐만 아니라 남은 가족 및 지인, 서비스 제공자 등의 삶에도 중요한 영향을 미치게 된다. 이러한 이유로 웰다잉(well-dying)은 죽음을 맞이하는 당사자뿐 아니라 가족과 서비스 제공자 등 다양한 주체의 관점에서 검토되어야 할 이슈다(정경희 외, 2018).

웰다잉은 한 마디로 죽음의 질이 확보된 상태로 정의될 수 있다. 노년기는 신체적 기능의 쇠퇴와 생산성 저하, 은퇴, 배우자 사별 등 다양한 상실을 경험하고 인생의 유한성을 깨달음으로써 구체적으로 죽음을 인지하는 시기다. 에릭슨(Erikson, 1959)의 심리사회발달이론에 따르면 노년기에 성취해야 할 주요 발달 과업으로 자아통합감을 제시하는데, 자아통합감 실현의 필수적인 전제 조건은 다가올 죽음과 인생의 유한성에 대한 인정이다. 살아갈 시간보다 살아온 시간이 훨씬 긴 노년기에는 인간으로서 존엄성을 지키면서 품위 있는 죽음을 준비하고 맞이하는 웰다잉이야말로 웰빙(well-being)의 중요한 전제 조건이 된다. 따라서 웰다잉은 노년학

연구의 중요한 관심 주제다.

죽음은 죽음을 바라보는 관점이나 사회문화적 이해에 따라 달리 정의된다. 죽음의 원인에 따라 질병 및 쇠약으로 인한 자연사, 사고사, 타살 및 자살로 구분할 수 있다. 자연사는 어느 정도 예측이 가능하며 가족이나 지인들이 이를 인지하고 수용할 수 있는 어느 정도의 시간이 허락된다. 반면 사고사나 타살은 예고 없이 발생하기 때문에 본인은 물론이고 주변 가족이나 지인들도 예측하거나 준비할 수 있는 시간이 없다. 또 자연사, 사고사, 타살은 본인의 의지와는 무관하게 발생하는 반면에, 자살은 자신의 의지에 의하여 발생한다는 점에서 차별화된다.

다음으로 죽음은 간주하는 시점과 기준에 따라 생물학적 죽음, 의학적 죽음, 법적 죽음, 사회적 죽음으로 나뉠 수 있다. 일반적으로 말하는 죽음은 인간의 장기 기능이 정지되어 움직이지 않는 상태 또는 모든 체세포의 기능이 상실되어 불가역적 상태로 변화한 것을 의미하는 생물학적 죽음이 대부분이다(조용기, 2016). 두 번째, 의학적 죽음은 심장박동 및 호흡이 정지한 심폐사, 생명 유지에 필수적인 뇌 기능이 불가역적으로 정지되는 상태인 뇌사로 구분된다(김중곤, 2012). 셋째, 법적 죽음은 의사 판정으로 인한 죽음을 근거로 법적으로 인정한 사망을 의미한다. 법적 죽음은 사망자의 신체적 기능, 결함 등 내부적 요인에 의한 병사와 다른 행위자와의 관계에 따라 발생하는 자살, 타살, 사고사 등의 외인사로 구분된다(김형석, 2015).

노년학에서 연구되는 죽음 관련 주제들은 다양한데, 최근에는 인구구조 및 가족 구조 변화와 가족관 및 부양 의식 변화로 인한 죽음의 사회적 맥락, 좋은 죽음의 조건, 호스피스 및 완화의료, 죽음의 자기결정권 등의 주제가 자주 논의된다.

첫째, 죽음의 사회적 맥락과 관련된 이슈로 정서적인 측면에서는 죽음에 이르기까지의 과정에서 사회적 소속감과 연대 의식을 어떻게 관리할 것인가, 심리적인 문제(불안, 분노, 두려움, 공포 등)에 어떻게 대응하고 해소할 것인가 등의 이슈가 있다. 또 죽음까지의 과정이 어떻게 관리되는가 또한 사회적 관심사인데, 이는 죽음의 의료화 맥락에서 파악될 수 있다. 산업 구조 변화에 따른 가족 구조의 변화로 1인 가구가 증가하면서 고독사 문제도 주요 이슈로 떠오르고 있다. 고독사는 독거사, 고립사, 무연사 등의 용어들과 혼용되기도 한다. 이와 같이 사회적 죽음은 주로 고독, 소외, 사회와의 단절 등의 논의와 맞닿아 있다(정경희 외, 2018).

둘째, 죽음의 자기결정권과 존엄사 이슈다. 현대 의학의 발전으로 고통을 완화하고 생명을 연장할 수 있는 의료 서비스가 확대되면서 죽음이라는 자연적 현상도 의료 서비스를 통하여 관리되는 경우가 발생하게 되었다. 최근 죽음의 질에 대한 논의도 확산되면서, 존엄사(dignity with death)가 중요하게 논의되고 있다. 존엄사란 피할 수 없는 죽음이라는 과정 앞에서 전인적 존재로서 품위를 지키며 생을 마감하는 것을 의미한다(Doorenbos, Wilson, Coenen, & Borse, 2006). 존엄사에서 강조하는 가장 중요한 개념이 죽음 과정에서의 자기결정권이다. 삶에서 이미 많은 것을 상실했거나 의존성이 높아진 노인들이지만, 가능한 한 삶의 마지막 단계인 죽음에서 스스로 결정권을 갖기를 희망한다. 2022년 3월 「호스피스·완화의료 및 임종과정에 있는 환자의 연명의료결정에 관한 법률」이 제정되면서, 죽음의 자기결정권에 대한 사회적 관심이 더욱 커지고 있다.

이 법 제1조에 따르면, 이 법의 목적은 호스피스 및 완화의료와 임종 과정에 있는 환자의 연명의료와 연명의료중단 등의 결정 및 그 이행에 필요한 사항을 규정함으로써 환자의 최선의 이익을 보장하고 자기결정을 존중하여 인간으로서의 존엄과 가치를 보호하기 위함에 있다. 또한 이 법에서는 "임종 과정에 있는 환자에게 하는 심폐소생술, 혈액 투석, 항암제 투여, 인공호흡기 착용 및 그 밖에 대통령령으로 정하는 의학적 시술로서 치료 효과 없이 임종 과정의 기간만을 연장하는 것"을 "연명의료"로, 그리고 암, 후천성면역결핍증,

만성 폐쇄성 호흡기질환, 만성 간경화 등의 "질환으로 말기 환자로 진단을 받은 환자 또는 임종 과정에 있는 환자와 그 가족에게 통증과 증상의 완화 등을 포함한 신체적, 심리사회적, 영적 영역에 대한 종합적인 평가와 치료를 목적으로 하는 의료"를 "호스피스 · 완화의료"로 규정한다. 그리고 말기 환자 등의 의사에 따라 담당 의사가 환자에 대한 연명의료중단 등 결정 및 호스피스에 관한 사항을 계획하여 "연명의료계획서"를 문서로 작성함으로써 환자의 인간으로서의 존엄과 가치를 보호할 수 있도록 규정하고 있다.

세 번째 이슈는 죽음에 이르기 전까지의 돌봄과 관련된 주제들이다. 죽음의 과정에 관련된 돌봄의 영역으로는 신체적, 심리적, 사회적, 영적 돌봄 등이 있다. 먼저 신체적 돌봄은 노쇠나 노년기 질병 등과 깊이 관련되며, 임종이 가까워질수록 기능의 쇠퇴가 확대되고 환자의 통증 또한 증가하기 때문에 신체적 수발이나 통증 완화 등의 활동이 포함된다. 둘째는 심리적 돌봄으로, 임종기에 처한 사람들은 분노, 슬픔, 긴장, 두려움 등의 감정들을 경험하고 표출할 수 있다. 그 과정에서 그들의 곁에서 경청하는 것에서 시작하여 공감과 지지를 표현하는 것이 요구된다. 셋째는 사회적 영역의 돌봄으로, 임종기 환자들이 가족이나 지인과 같이 중요한 타자와의 관계를 어떻게 정리할 것인가와 사회적 역할(가족, 회사,

지역사회의 역할)에 대한 논의가 포함된다. 마지막은 영적 돌봄으로, 임종기 환자들은 자신 혹은 다른 사람과의 관계 형성과 재건 등에 대한 탐색, 초월자에 대한 인식과 같은 영적 책무에 당면하게 된다. 흔히 영적 돌봄은 종교와 깊이 관련된다고 생각하는 경향이 있어 간과되는 측면이 있지만, 영적 돌봄은 전인으로서 개인의 삶을 다루는 것으로 신체적, 심리적, 사회적 돌봄을 관통하는 것이기 때문에 더 중요하게 다룰 필요가 있다.

네 번째 이슈는 좋은 죽음에 대한 준비와 관련된 것으로 죽음 준비 교육으로 대표될 수 있다. 죽음 준비 교육은 사람들이 죽음과 관련하여 무엇을 알고 있는지, 어떻게 느끼는지와 행동하는지, 그리고 어느 것에 가치를 두는지와 관련된 교육이다. 죽음 준비 교육은 죽음에 관한 사실적 정보를 제공하고, 이 사건들에 대한 이해와 해석을 돕는 지적인 영역뿐 아니라, 죽음이나 사별에 대한 감정 및 태도를 처리하는 방법과 관련된 정서적 영역을 포함한다. 또한 죽음과 관련한 상황에서 어떻게 행동하는 것이 바람직한지에 관한 행동적 영역과 죽음을 통하여 삶을 이해하고 통찰할 수 있는 가치의 영역까지도 다룬다.

죽음은 불가피할 뿐 아니라 모든 인간이 경험하는 보편적인 경험이다. 특히 삶의 기간이 길어지고 수명이 길어질수록 보편적이고 필연적인 죽음의 경험 방식이나 시기가 더 다양해짐으로써 잘 살아가는 과정과 잘 죽어 가는 과정을 어떻게 연계하고 관련지을 것인지에 대한 고민이 깊어질 수밖에 없다. 죽음은 삶을 말해 준다. 죽음의 과정은 삶의 과정을 그대로 반영한다. 100세 시대, 긴 삶의 여정을 잘 마무리하기 위해서는 좋은 죽음을 준비하고 실천해야 하는 이유가 여기에 있다.

## 참고문헌


김중곤(2012). 의학에서 바라보는 죽음. ≪인격주의 생명윤리≫, 2호, 31~54.

김형석(2015). 『수사실무기반 법의학 교육자료 개발에 관한 연구』. 대검찰청.

조용기(2016). 현대인에게 있어 웰빙(well-being)과 웰다잉(well-dying)의 진정한 의미. ≪한국엔터테인먼트산업학회지≫, 8권 1호, 32~59.

정경희 · 서제희 · 이선희(2018). 『웰다잉(Well-dying)을 위한 제도적 기반 마련 방안』. 한국보건사회연구원.

통계청(2020). 2020 생명표. 통계청.

통계청(2021). 2021 생명표. 통계청.

Doorenbos, A. Z., Wilson, S. A., Coenen, A., &Borse, N. N.(2006). Dignified dying: Phenomenon and actions among nurses in India. *International Nursing Review, 53*(1), 28~33.

Erikson, E.(1959). Identity and the life cycle. *Psychological Issues, 1*(1), 98~99.

# 10

## 100세 시대, 노년학의 전망

향후 노년학 연구에서 주목해야 할 것은 다음과 같다. 첫째, 인구 고령화의 다양한 얼굴과 그 영향이다. 둘째, 노년기 삶의 다양한 특성이다. 셋째, 미래 사회의 변화와 그 안의 노년층 변화다. 우리는 모두 언젠가는 노인이 된다. 따라서 노인과 노화라는 노년학의 주제는 우리 모두의 관심사일 수밖에 없으며, 노년학에 대한 우리의 지속적인 관심과 연구가 우리의 노년을 더 행복하고 풍요롭게 만들어 줄 수 있을 것이다.

앞서 우리는 인구 고령화, 베이비붐과 시니어붐, 저출생과 인구절벽 문제 등 다양한 사회적 변화들을 살펴보았고, 이러한 100세 시대에서 왜 노년학에 집중해야 하는지 논의했다. 그리고 100세 시대에 중요하게 떠오르는 노년학의 대표적인 주제들을 개관했다. 이 책에서는 저자의 지적 한계로 인하여 노년학의 주요 연구 과제들이 어떤 것들인지를 소개하고 주요 주제들에서 다루는 대표적인 연구 질문들을 예시하는 정도에 머물 수밖에 없었다. 앞으로 각각의 주제와 그 외에 더 다양한 노년학의 여러 주제에 대하여 더 열정적이고 더 훌륭한 각 분야의 연구자들이 다양한 이론과 관점에서 노년학총서 시리즈를 풍성하게 채워 나갈 것이다.

노년학총서 시리즈의 시작을 알리는 이 책을 마치면서 마지막으로 이제 막 노년학에 관심을 갖고 공부를 시작하려는 독자들과 100세 시대를 앞두고 막연한 불안감을 가지고 있는 독자들을 위하여 향후 노년학 연구에서 고려해야 할 몇 가지 제언을 하고자 한다.

## 인구 고령화의 다양한 얼굴과 그 영향에 주목하기

노년학의 출발은 기본적으로 인구 고령화라는 새로운 인구 현상이다. 그러나 우리는 단순히 표면적으로 드러나는 인구 고령화의 피상적인 모습보다도 인구 고령화라는 광범위하고도 복잡한 인구 현상에서 발견되는 다양한 측면들에 주목해야 한다. 현재 그리고 미래를 살아갈 우리들은 모두 스스로 원하든 혹은 원하지 않든 크고 작은 노년학의 문제들에 관련될 수밖에 없다. 또 본인이 이미 노년의 문턱을 넘어섰든 아니든 또는 가족이나 가까운 지인 중에 노인이 있든 없든 우리는 모두 점점 더 많은 노인과 관계를 맺으며 살아가게 될 것이다. 즉, 성별, 연령, 학력, 소득 수준, 직업, 지역, 관심사 등 개인의 특성들과 무관하게 노화와 노인의 기본적인 특성과 노인인구의 증가에 따른 다양한 결과와 영향력을 이해하지 못한다면, 100세 시대에 적응하여 잘 살아가기는 힘들 것이나. 따라서 노년학은 관련 분야의 전문적인 연구자들이나 관련 직업군의 사람들뿐 아니라, 100세 시대를 살아가는 모든 사람에게 반드시 필요한 기초 지식이라 할 수 있다.

앞서도 설명했듯이 노년학은 특정한 하나의 학문이 아니다. 노인 및 노화에 관련된 다양한 학문 및 연구방법론들의 집합체다. 따라서 관심사나 전공, 직업에 무관하게 기초적인 노년학 지식을 갖추고 있어야만 각자의 전문 분야나 생활 영역에서 고령화된 사회 변화에 효과적으로 대응할 역량을 갖출 수 있다. 예를 들어, 동네에서 작은 편의점을 운영하는 경우에도 점점 증가하는 고령 고객의 욕구에 맞춰 매대에 어떤 품목을, 어느 정도의 양 혹은 비율로, 어떤 방식으로 진열할 것인가를 결정하기 위해서는 노인의 특성과 노화로 인한 변화를 이해해야 한다. 결국 100세 시대에는 노년학적 지식이 편의점 매출과 직결되는 중요한 열쇠가 된다. 가구 회사에서 근무하는 가구 디자이너의 경우 노인 고객들의 생활 방식과 가구 색상이나 재질, 디자인에 대한 선호를 이해하지 못한다면 갈수록 증가하는 노인 고객들을 모두 잃게 될 것이다. 또한 직종을 막론하고 기업을 경영하는 경영주의 경우에도 고령화되어 가는 직원들의 특성과 욕구를 제대로 파악하지 못한다면 생산성을 높이고 궁극적으로는 수익성을 올리기 어려울 것이다. 이렇듯 100세 시대, 즉 초고령사회의 도래는 단순히 일부 전문가나 전문 영역에만 영향을 미치는 것이 아니라 사회 전체, 사회 구성원 전체에게 다양한 방식으로 영향을 미치는 일종의 메가트렌드인 것이다.

인구 고령화의 다양한 특면과 그 영향력을 보여 주기 위하여 한정란(2015)은 인구 고령화의 사회적 영향과 개인적 영향 그리고 인구 고령화의 양적인 측면과 질적인 측면에 따른 입체적 분석틀인 '한스렌즈(Han's Lens)'를 표 10-1과 같이 제시했다(한정란, 2015).

**표 10-1** 인구 고령화의 입체적 분석(Han's Lens)

| | 양적 고령화 | | 질적 고령화 | |
|---|---|---|---|---|
| | **긍정적 측면** | **부정적 측면** | **긍정적 측면** | **부정적 측면** |
| 사회적 고령화 | 사회적 양적 고령화 | | 사회적 질적 고령화 | |
| | 장수사회 실현 | 사회의 노인 부양 부담 증가 | 고령인구의 역량 증가 | 고령층의 집단이기주의 |
| 개인적 고령화 | 개인적 양적 고령화 | | 개인적 질적 고령화 | |
| | 제2 인생의 기회 | 노후 비용 증가 | 노후생활의 여유 | 역할 없는 역할과 무위(無爲) |

출처: 한정란(2015)

입체적 시각이란 마치 편광안경을 끼고 3D 영화를 볼 때처럼 두 개의 다른 렌즈를 겹쳐 봄으로써 평면적인 고령화가 아닌 입체적인 고령화를 바라보는 것이다. 즉, 인구 고령화로 인한 변화를 전체 사회의 차원에서 바라볼 것인가 아니면 개인 삶의 차원에서 바라볼 것인가 하는 렌즈, 인구 고령화를 양적인 현상에서 해석할 것인가 질적인 현상으로 해석할 것인가 하는 두 번째 렌즈, 인구 고령화의 긍정적인 측면과 부정적인 측면 중 어느 것에 초점을 맞출 것인가 하는 세 번째 렌즈, 이상의 세 가지 렌즈를 통해 인구 고령화를 입체적으로 분석해 볼 수 있다. 그 결과, 사회적-양적 고령화의 긍정적 측면과 부정적 측면, 사회적-질적 고령화의 긍정적 측면과 부정적 측면, 개인적-양적 고령화의 긍정적 측면과 부정적 측면, 개인적-질적 고령화의 긍정적 측면과 부정적 측면 등 총 여덟 가지의 영향으로 나눌 수 있다.

먼저, '사회적 고령화'는 사회 전체 수준에서 고령화의 영향력이 어떻게 작용하고 있는가에 관한 논의로서, 현재 우리 사회에서 일반적으로 논의되고 있는 고령화 담론들과 가장 유사하다. 사회적 고령화는 다시 노인인구의 양적 증가와 노년층의 질적 변화라는 두 측면으로 다시 나누어 볼 수 있다. '사회적-양적 고령화'는 우리에게 가장 널리 알려진 고령화의 측면으로, 한 사회에서 전체 인구 중 고령인구가 차지하는 비율이 증가해 가는 현상과 그에 따른 영향들에 대한 논의다. '사회적-양적 고령화의 긍정적 의미'는 무엇보다도 인간의 오랜 열망이었던 장수의 꿈을 실현해 주었다는 점이다. 오늘날 우리는 장수가 당연시되는 100세 시대에 살고 있다. 그러나 이러한 고령화의 긍정적인 측면들은 우리 사회가 고령인구의 증가에 현명하게 대응해 나갈 때만 가능한 것이다. 만일 그런 전제 조건이 보장되지 않는다면, 고령화는 희망이 아닌 재앙으로 다가올 수도 있다. 고령화 관련 가장 염려되는 측면은 노인복지의 양적 수요가 크게 증가한다는 점이다.

고령인구 증가로 사회의 노인 부양 부담과 비용이 증가하고, 고령인구에 비하여 생산연령인구가 상대적으로 줄어듦으로써 노동력 부족과 사회의 생산성 저하로 이어질 수 있다.

고령화는 고령인구의 수나 양만 증가시키는 것이 아니라 사회에서 고령층이 차지하는 지위나 역할을 바꾸는 변화로서 '사회적-질적 고령화'이기도 하다. 고령인구의 증가는 그들이 사회에서 차지하는 지위나 권력 면에서도 커다란 변화를 가져온다. 거대 인구 집단이 된 고령층의 목소리를 이제 어느 누구도 무시할 수 없다. '사회적-질적 고령화의 긍정적 측면'은 고령인구의 역량 증가다. 앞으로 증가할 고령층은 낮은 학력과 낮은 소득의 고령인구가 아니라 더 많이 배우고 더 많은 자산과 사회적 능력을 갖춘 이들이다. 기본적인 교육 수준은 물론이고 평생학습을 통한 지속적인 역량 개발과 디지털 역량까지 갖춘 고령인구의 증가로 이들이 소유하게 될 사회적 권력은 더 막강해질 것이다. 반면, 고령인구의 증가는 자연스럽게 고령층의 세력화로 이어질 것이며, 전체 사회의 발전이 아닌 노인들만의 이익을 위하여 정치적인 압력을 행사하는 집단이기주의로 변질될 수도 있음은, 경계해야 할 '사회적-질적 고령화의 부정적 측면'이다.

다음으로 고령화는 개개인의 삶에도 중요한 영향을 미치는 요인이다. '개인적 고령화'는 개개인의 삶에서 고령화의 영향력이 어떻게 작용하고 있는가에 관한 논의로, 우리 사회에서 간과되고 있는 고령화 논의이기도 하다. '개인적-양적 고령화'는 장수와 깊은 관련이 있는, 수명이 길어지고 개인의 삶에서 노년기가 길어지는 변화로서 고령화에 따라 개개인이 누릴 인생의 시기가 과거보다 더 길어짐을 의미한다. '개인적-양적 고령화의 긍정적 측면'은 제2의 인생 기회를 누릴 수 있게 되었다는 점이다.

개인의 삶에서도 수명의 연장에 따른 장수의 실현은 기쁜 소식이 아닐 수 없다. 주어진 삶의 시간 동안 최선을 다하고 노후에 자신이 노력으로 일군 삶의 대가를 충분히 누리고 싶은 것은 모두가 바라는 삶일 것이다. 환갑을 넘기는 것이 장수의 상징이었던 과거와 달리, 평균수명 100세를 바라보는 지금은 장수가 당연한 일이 되었다. 그리고 수명이 연장되고 삶의 기간이 길어짐에 따라 인생에서 제2, 제3의 기회가 허락되었다. 100세 시대에서 '노후'라고 하는 시간은 자녀 양육과 생산활동에 얽매여 살았던 그 이전의 삶에서 벗어나 또 다른 새로운 삶을 꿈꿀 기회인 셈이다. 노년기의 연장은 생산의 의무에서 좀 더 자유로운 상태에서 자신이 가진 자원을 가지고 사회에 봉사하고 공헌하며, 여가를 즐기고 자신의 잠재력을 실현할 기회, 젊어서는 가족과 직장에 얽매여 할 수 없었던 자신을 찾기 위한 다양한 여러 시도를 하고 일생을 통해 쌓은 지혜와 지식을 가지고 사회와 타인을 위해 봉사할 기회를 허락해 준다.

반면, 수명의 연장은 곧 일생 중 노인으로 살아가야 하는 기간, 즉 노년기의 연장을 의미한다. 수명이 길어진다고 해서 청춘의 시간이 늘어나는 것은 아니다. 수명의 연장은 과거에는 기대하기 힘들었던 80대, 90대, 100대를 살아내야 함을 의미한다. 또 더 나아가 한 개인의 일생 중에서 노년기가 차지하는 비중이 상대적으로 길어짐으로써 인생의 4분의 1이었던 노년기에서 3분의 1 또는 절반으로 확대됨을 의미한다. 노년기가 연장되었다는 것은 그만큼 노년기를 위해 필요한 비용과 자원이 늘어난다는 것을 의미한다. 노후가 길어짐에 따라 노후생활비 등 본인의 노후 비용이 증가할 뿐 아니라, 신체적, 정신적 노쇠로 인하여 배우자나 자녀 등 가족이 감당해야 할 부양 부담 역시 증가할 수밖에 없다. 자녀 부양의 경우에는 자녀가 성인으로 독립할 때까지 한시적으로 부양의 책임을 지면 되지만, 부모 부양은 일단 부양이 시작되면 부모가 사망하여 부양이 종료되는 시점까지 부양의 강도는 점차 증가하는 특징이 있다.

'개인적-질적 고령화'는 개인의 삶에서 노년기가 차지하는 의미와 관련된다. 수명이 길어지고 노년기가 연장됨에 따라 개인의 삶에서 노년기가 차지하는 의미와 중요성도 커졌다. 반세기 전만 해도 노년기는 축복받은 일부의 이야기였고, 그 축복받은 일부 사람에게조차도 노년의 시기는 불과 몇 년 혹은 십여 년에 불과한 짧은 기간이었다. 그러나 이제 노년은 누구에게나 허락된 보편적인 시간이며 인생의 3분의 1이 넘는 긴 시간이다. 따라서 노년기를 아무런 준비도 없이, 의미 없이 흘려보낸다면 자신에게 주어진 인생의 3분의 1 이상을 낭비하는 것이 된다. 노년기는 인생의 마지막 기간으로 생애 전체의 의미를 통합하고 평가하는 시기이기 때문에, 어떤 노년기를 보냈는가가 결국은 인생의 성패를 좌우한다고도 할 수 있다.

개인적-질적 고령화의 긍정적 측면은 노후생활의 여유를 누릴 수 있게 되었다는 점이다. 노년기는 생산과 양육의 의무에서 자유로운 시기로서 여가 시간이 증대되는 시기다. 우리나라 속담에 '젊어서 고생은 사서도 한다'고 하지만, 사실상 수명이 짧았던 과거에는 고생만 하다 생을 마감하는 경우도 많았다. 그러나 100세 시대에는 젊어서 한 고생의 결실을 누릴 수 있는 충분한 노년의 시간이 허락된다. 심지어 은퇴 후에 새로운 인생의 꿈을 펼칠 수 있는 기회도 허락된다.

그러나 긴 노년의 시간도 여유로운 노후의 생활도 아무런 대비 없이 맞이한다면 재앙이 아닐 수 없다. 준비 없는 노후는 새로운 인생의 기회가 아니라 역할 없는 역할과 할 일 없어 무료하고 힘든 무위(無爲)로 인한 고통의 시기가 될 수도 있다. 준비되지 않은 노후는 제2의 인생이자 새로운 삶의 기회가 되기보다는 오히려 노년의 그늘과 고독 속에서 살아가야 하는 고통의 시기가 될 수도 있다는 점에서 개인적-질적 고령화의 부정적인 측면이라 할 수 있다.

이와 같이 고령화는 어떤 측면에서 바라보느냐에 따라 긍정적인 변화가 될 수도, 또 부정적인 변화가 될 수도 있으며, 그 결정권은 바로 언젠가는 노년을 맞이하게 될 우리 모두가 노년을 어떤 시각으로 바라보고 노화를 받아들이며, 또 그 노화를 위하여 어떻게 준비하고 대비해 나가느냐에 달려 있다. 앞으로 우리나라는 물론이고 전 세계적으로도 인구 고령화는 더욱 심화해 갈 것이기 때문에, 노년학자들이 해야 할 노력은 어떻게 하면 인구 고령화의 긍정적 측면은 더 확대하고 부정적 측면은 더 축소할 수 있을 것인가 하는 고민과 그런 고민을 구체적인 연구의 성과로 구현해 나가는 것이다. 노년학은 단순히 노인의 특성과 노화 과정을 설명하는 기술적이고 이론적인 학문이 아니라, 노인들의 삶과 노인과 더불어 살아가는 사회의 현실을 개선하는 구체적이고 현실적인 대안을 제시하는 학문이다. 따라서 노인인구의 증가 원인을 설명하는 데 머물지 않고 증가하는 노인인구와 더불어 더 행복한 사회를 만들어 나갈 구체적인 방법을 제안할 수 있어야 한다.

## 노년기 삶의 다양한 특성들에 주목하기

인간의 생애는 연속적이지만, 생애주기마다 특성이 다르다. 그중에서도 특히 노년기는 그 이전의 시기들과는 차별화된 중요한 몇 가지 특성을 갖는다.

그중 첫 번째는 인간의 발달단계 중 노년기가 갖는 '통합성(integrity)'이다(한정란 외, 2008). 노년기 이전까지의 삶은 자녀 양육이나 가사 등의 가족생활 영역, 직장에서의 경제적 소득 창출을 위한 활동인 직업생활 영역, 취미 여가나 친교 등의 여가생활 영역 등 생활의 영역 간 구분 및 경계가 매우 명확하다. 따라서 어느 한 영역에만 몰두하고 그로부터 큰 성취감과 만족감을 얻게 되면, 다른 영역의 삶이 충족되지 않거나 심지어 그 영역이 없다고 하더라도 전체 삶의 질에 크게 영향을 미치지 않는다. 영역 간에 분리된 삶의 형태 속에서는 한 영역에서의 성공이 다른 영역의 실패를 모두 보상할 수 있기 때문이다.

예를 들어, 결혼과 출산을 포기하고 직업적 성취에만 몰두하여 원하는 일에서 성공을 이루거나, 반대로 사회적 성공과 일을 포기하고 가정을 돌보고 자녀들을 양육하는 데만 전념하여 행복한 가정과 자녀들의 성공을 만들어 내는 경우도 있다. 이 둘은 상반된 방식으로 삶의 어느 한 영역에 몰두하여 행복을 추구한다. 이 두 경우 모두 노년기에 이르기 전까지는 나름대로 만족스럽고 행복하며 성취감을 느낄 수 있다. 그러나 노년이 되면서 삶의 방식은 크게 달라진다. 주된 일자리로부터의 퇴직은 직업생활의 경계를 허물고 직업적 성공과 사회적 성취에서 오는 만족감을 감소시킨다. 자녀들이 장성하여 독립하면서 가족생활의 경계가 허물어지고 자녀로부터 오던 성취감과 만족감도 떨어진다. 결국 노년기에는 일, 가정, 여가 등 삶의 영역 간 경계가 희미해지면서 삶의 모든 영역이 유기적으로 연결되고 통합된다. 따라서 사회적 성공이 가정의 성공을 대체했던 삶이나 가정의 성공이 사회적 성공을 대체했던 노년기 이전까지의 삶에서 모든 생활 영역이 유기적으로 통합되는 노년의 삶으로 바뀐다. 그동안 견고했던 자기만의 경계가 무너지고 삶의 경계선이 더 넓게 확장되면서 더 이상 한 영역의 성공이 다른 영역들의 성공을 보완할 수 없게 된다. 즉, 직업 자체가 없어지고 여가가 늘어난 은퇴자의 삶에서 과거 직업적 성공에 대한 자부심만으로는 더 이상 만족스러운 삶을 지킬 수 없다. 또 반대로 자녀들이 모두 떠나고 홀로 혹은 부부만 남은 노년의 생활에서 자녀의 성공으로 자신의 성공을 대신했던 부모로서 자부심 역시 더 이상 삶의 원동력이 되기 어렵다.

따라서 노년기에는 한 가지 영역이 아닌 다양한 삶의 영역들에서 행복과 만족을 추구하거나, 아니면 반대로 한 가지 영역에서 다양한 삶의 가치들을 찾아 나가야 한다. 예를 들어, 노인복지관의 다양한 활동과 프로그램들, 즉 노년 사회화 교육 프로그램, 취미 여가 프로그램, 건강 증진 프로그램, 동아리 활동, 일자리 사업, 자원봉사활동 등 다양한 활동에 참여함으로써 노년의 삶을 풍요롭게 채워 나갈 수 있다. 또 반대로 한 가지 활동 예를 들면 노인 일자리 사업에 참여함으로써 소득을 창출하는 것뿐 아니라, 새로운 지식과 기술을 학습하고, 새로운 친구들과 교제를 나누고, 여가를 의미 있게 활용하며, 소속감과 사회참여의 보람을 느끼고, 정신적 · 신체적 건강을 개선하며, 자아존중감과 심리적 만족감을 제고하는 등 한 가지 활동에서 다양한 욕구를 충족하고 만족감을 느낄 수도 있다.

이렇듯 일, 가정, 학습, 여가, 봉사 간의 구분이 엄격한 노년기 이전의 삶과 달리, 노년기 삶에서는 노년기 통합성으로 인해 이 영역들이 반드시 구분되어야 할 필요는 없다. 일반적으로 사회에서 복지와 교육 혹은 근로와 복지 간 구분은 너무도 당연하게 여겨지지만, 그 대상이 노인이 될 경우에는 이러한 구분이 쉽지만은 않다. 노인 평생교육을 노인여가복지라고 하는 복지의 영역으로 접근하는 것이 타당한가, 아니면 평생교육이라고 하는 교육의 영역으로 접근하는 것이 더 타당한가 하는 논쟁은 그 대상이 삶의 통합성을 특징으로 하는 노인이기 때문에 발생한다. 일과 복지의 구분 역시 명확한 듯 보이지만, 그 대상이 노인이 되면 노인 일자리 사업을 근로의 관점에서 접근할 것인가, 복지의 관점에서 접근한 것인가 하는 딜레마에 직면하게 된다. 물론 그럼에도 정책이나 제도의 집행 측면에는 어느 정도 엄격한 구분이 필요할 수 있겠지만, 그 정책이나 제도의 대상인 노인의 삶에서 본다면 구분 자체가 별 의미를 갖지 못한다. 따라서 노인을 위한 정책이나 서비스, 프로그램은 대상자인 노인을 중심으로 통합적으로 이루어지는 것이 더 타당할 수 있고, 노인 관련 정책을 총괄하는 부처인 '노인부'의 필요성에 대한 주장 역시 이런 관점에 기반한다고 할 수 있다.

노년기 삶의 두 번째 특성은 '다양성', 즉 개인차가 크다는 점이다(한정란 외, 2008). 노화 자체는 누구에게나 일어나는 자연스럽고 보편적인 변화지만, 노화의 진행 속도나 노화의 구체적인 결과들은 개인에 따라 매우 다르다. 인간은 출생 당시 최소한의 유전적인 개인차만을 발현한 상태로 세상에 나오지만, 살아가면서 겪는 경험의 차이, 학습의 차이, 습관의 차이, 생활양식의 차이 등은 오랜 시간 후에 개인 간 차이를 극대화한다. 따라서 노년기는 인생의 어느 시기보다도 개인차가 큰 시기라 할 수 있다. 이러한 노년기의 다양성은 노년기의 보편적인 욕구나 특성을 명확히 정의하기 어렵게 만들며, 노년학 연구의 어려움을 가중하는 요인이 되기도 한다.

정책의 대상으로 노인을 다룰 때 흔히 취하는 관점은 노인을 '소외계층' 또는 '취약계층'으로 정의하는 것이다. 그러나 인간이 지닌 수많은 특성 중 하나인 '연령'이라는 한 가지 특성을 공유한다는 이유만으로 전체 노인을 사회적 약자로 규정하는 것이 과연 타당한가에 대해서는 논란의 여지가 있다. 실제로 우리나라 60세 이상 중 41.6%는 만성질환 없이 건강하고(보건복지부, 2022), 7.4%는 교육을 전혀 받지 못했지만 약 50%는 고등학교 이상의 교육을 받았다(통계청, 2020 인구총조사). 이와 같이 노인인구 내에도 다양한 차이가 존재하기 때문에 노년학 연구에서는 다른 세대와 노년층 간의 차이뿐 아니라 노년층 내의 차이와 다양성에 대해 더욱 주목할 필요가 있다.

## 미래 사회의 변화 안에서 노년층의 변화에 주목하기

인구 고령화 외에도 미래 사회에 당면한 여러 가지 변화들이 있다. 우리가 사는 사회는 시간에 따라 계속 변화하며, 그리고 그 안에서 살아가는 우리 역시 발달하고 변화함과 동시에 변화하는 사회에 적응해 나간다. 노년기 역시 노화에 따른 개인적인 변화뿐 아니라 노인을 둘러싼 환경, 즉 사회의 변화에 적응해 나가야 하는 시기다. 따라서 노인과 관련된 다양한 개인적, 사회적 현상을 연구하는 노년학은 노화로 인한 노인 내적 변화뿐 아니라 노인을 둘러싼 사회의 외적 변화에도 주목해야 한다. 의학의 발전과 보건 환경의 개선으로 인간의 기대수명은 점점 더 길어지는 반면, 기술 개발의 가속화로 사회의 변화 속도는 점점 더 빨라지면서 사회의 변화 주기는 더 짧아지고 있다. 그 결과 과거에 비해 더 오래 살게 된 노인들은 더 빠르게 변하는 사회의 속도에 적응하기 위하여 더 많은 노력을 기울여야 한다. 미래 노인들은 노화에 따른 자신의 신체적, 심리적, 사회적 변화에 적응함과 동시에 시시각각 변화하는 사회에 적응해야 하는 이중의 과제를 안게 된 것이다.

정보기술의 발달은 '정보혁명'이라고 불릴 만큼 사회 구조와 개인 삶의 패러다임을 획기적으로 변화시켰다. 우리 삶의 시공간을 양적으로 확장하는 동시에 삶의 방식을 완전히 바꾸어 놓았다. 인터넷과 모바일 기술의 발달은 말 그대로 언제나 어디서나 자유롭게 네트워크에 접속할 수 있는 '유비쿼터스(ubiquitous)' 시대를 열었으며, 더 나아가 인공지능, 사물인터넷, 로봇기술, 드론, 자율주행차, 가상현실 등이 주도하는 4차 산업혁명은 삶의 새로운 패러다임을 제시하고 있다. 우리는 지금 1784년 영국에서 시작된 증기기관과 기계화로 대표되는 1차 산업혁명의 시대, 1870년 전기를 이용한 대량생산이 본격화된 2차 산업혁명의 시대, 1969년 인터넷이 이끈 컴퓨터 정보화 및 자동화 생산시스템이 주도한 3차 산업혁명의 시대를 지나, 로봇과 인공지능을 통해 실제와 가상이 통합되어 사물을 자동적 · 지능적으로 제어할 수 있는 가상 물리 시스템의 구축이 기대되는 4차 산업혁명의 시대로 진입했다. 제4차 산업혁명은 '초연결성(hyper-connected)'과 '초지능화(hyper-intelligent)'를 특징으로 하는 '모든 것이 연결되고 보다 지능화된 사회'로의 변화를 가져올 것이다.

인간과 인간, 인간과 사물, 사물과 사물 간의 연결성을 기하급수적으로 확대하는 '초연결성'은 신체적 노화 및 노쇠로 인해 활동성에 제한을 받는 노년기 삶에 새로운 기회와 변화를 가져올 수 있을 것으로 기대된다. 또한 인공지능과 딥 러닝(deep learning), 빅데이터의 연계 및 융합으로 대표되는 '초지능화' 또한 노년기 삶의 여러 불편 요소를 해소하는 데 도움을 줄 수 있을 것이다. 과거에 비해 훨씬 더 오래 살게 된 노인들은 생존을 위해 빠르게 변화하는 사회와 삶의 새로운 패러다임에 적응해야만 한다. 그러나 노년의 삶에 이러한 기술 혁신을 받아들이는 데 몇 가지 장애물들이 존재한다.

먼저, 노인 스스로 오랜 기간 익숙해진 삶의 방식을 버리고 새로운 방식을 수용하는 데 대한 거부감이다. 노인들은 기억력, 특히 최근 정보에 대한 기억이 감소하고 정보처리 속도가 둔화함에 따라 오랫동안 습관화된 삶의 방식을 버리고 새로운 방식을 받아들이기가 쉽지 않다. 따라서 교육을 통하여 새로운 기술의 유용성 및 장점을 충분히 알리고 심리적 거부감을 줄여 나감으로써 기술 수용성을 제고하는 노력이 필요하다.

두 번째는 노인들이 4차 산업혁명의 편리를 충분히 활용하기 위한 지식과 기능의 한계다. 아날로그 교육을 받고 그런 삶에 익숙한 노인들이 기본적인 정보의 입력 방식 자체가 다른 디지털 정보나 기술을 이해하고 활용하는 데는 어려움이 따를 수밖에 없다. 노년기에는 새로운 것을 학습하는 데 더 오랜 시간과 더 많은 반복이 요구된다. 따라서 노인들에게 새로운 사회의 변화 방식과 내용, 구체적인 지식과 기능, 태도 등 이른바 디지털 역량을 반복적으로 교육하고 훈련해야 한다.

셋째, 노년기 특성에 부적합한 기술 환경으로 인한 장애다. 집중력의 저하, 시각 및 청각의 쇠퇴, 촉각의 둔화 등 신체적 노화, 친숙한 것에 대한 애착과 조심성 증가, 기억력 쇠퇴 등 심리적 노화, 퇴직 등의 사회적 역할 상실과 관계망의 축소 등 사회적 노화로 인한 노년기 특성을 고려하지 않은 기술 환경은 노인들의 기술 접근성을 방해하는 요인으로 작용한다. 따라서 보다 고령친화적인 기술의 개발과 접근성을 제고하는 사회적 환경 조성 등의 노력이 뒤따라야 할 것이다.

이에 노년학은 새로운 시대, 새로운 사회에서 노인들이 사회의 구성원으로서 잘 기능하고 효과적으로 적응해 나갈 수 있도록 돕기 위한 다양한 방안들을 제시해야 할 것이다. 그 방법은 단순히 노인들에게 스마트폰이나 컴퓨터 사용법을 교육하거나 키오스크 조작 방법을 연습시키는 수준을 넘어, 과거 사회를 살아온 노인들이 미래 기술과 새로운 사회 변화와 더 쉽게 만날 수 있는 다양한 접점을 개발하고 노인들이 가진 욕구에 맞춰 미래의 기술과 사회 변화를 조정해 나가는 노력까지를 포함해야 할 것이다.

지금 이 순간도 우리 안에서는 노화 과정이 끊임없이 진행되고 있으며, 죽음에 이르는 순간까지 계속 노화할 것이다. 우리 모두는 노화에서 자유로울 수 없으며, 자신의 의지와는 무관하게 언젠가는 노인이 된다. 따라서 노인과 노화라는 노년학의 주제는 모두의 관심사일 수밖에 없다. 노화를 어떻게 받아들이고 그로 인한 변화에 적응해 나갈 것인지, 어떤 노년을 계획하고 준비할 것인지, 더 나아가 노년기에서 생애 마지막 순간인 죽음에 이르기까지 전 생애를 어떻게 설계할 것인지는 기대수명이 100세를 바라보는 장수 시대를 살아가는 우리 모두에게 중요한 과제일 것이다. 그런 의미에서 이 책에서 시작되는 노년학총서가 독자들의 노년을 보다 행복하고 풍요롭게 만들어 주는 좋은 안내서가 될 수 있기를 희망한다.

## 참고문헌

보건복지부(2022). 의료서비스경험조사. 보건복지부.

통계청(2020). 2020 인구총조사. 통계청.

한정란 · 박성희 · 원영희 · 최일선(2008). 『노인교육의 체계화 및 활성화 방안 연구』. 보건복지가족부 정책과제보고서.

한정란(2015). 『노인교육론』. 학지사.

# 지은이

### 한정란

한서대학교 사회복지학과 교수다. 연세대학교 교육학과를 졸업하고 동대학원에서 교육심리학 전공으로 석사 학위를 받았다. 고등학교 교사, 대통령 직속 자문기구 '21세기위원회' 연구원으로 일하다 인구 고령화에 관심을 갖고 연세대학교 대학원에 진학하여 "노인교육 교육과정 개발 실천연구"로 박사 학위를 받았다. 2014년 12월에 국내 최초이자 유일의 노년교육 전문학술단체 '한국노년교육학회'를 창립했으며 1대, 2대 회장을 지냈다. 한국노년학회 31대 회장, 편집위원장, 감사와 한국성인교육학회, 한국평생교육학회, 한국노인복지학회의 이사와 한국생애학회 감사를 역임했다. 저출산고령사회위원회 정책위원회 위원, 한국노인인력개발원 비상임이사 등으로 노인 관련 정책 발전을 위한 자문 활동을 했다. 국민연금공단 노후준비서비스 자문위원과 시민참여위원, 공무원연금공단 은퇴설계포럼 위원, 서울시 사회복지시설 평가위원 및 운영위원, 노인종합복지관 운영위원 등 다양한 노인복지 및 평생교육 현장에서도 활동했으며 그 공로를 인정받아 2012년과 2022년 두 차례에 걸쳐 '보건복지부장관표창'을 받았다. 주요 저서로는 『교육노년학: 노인을 위한, 노인에 관한, 노인에 의한 교육』(2015), 『노인교육론』(2015), 『은퇴수업』(2012, 공저), 『세계의 노인교육』(2006), 『노인교육의 이해』(2005), 『노인자서전 쓰기』(2004) 등이 있으며, 역서로는 『나이 든 부모와는 왜 사사건건 부딪힐까?』(2019, 공역) 등이 있다.